Kono Akira

河野 晃

［著］

中学校理科授業づくりアイデア大全

理科室づくり、観察・実験から学習評価まで

明治図書

JN043601

イントロダクション

中学校理科の授業づくりで大切にしたいこと

　中学校理科教員の仕事には，特有の大変さがあります。座学的な授業だけでなく，観察・実験も多くあり，物品の管理や理科室の運営も必要です。また，校内の分掌でICT等手間のかかる役割を担うことも多いのではないでしょうか。

　そんな多忙な日々の中で，効率よく充実した授業をつくるために大切にしたいことを3つご紹介します。

1　7割主義を目指す

　私は，大抵のことは「7割できればよし」と考えています（こだわりをもっていることは別です）。7割くらいまでは，さほど時間をかけずとも進められます。しかし，残り3割を仕上げるには多くの時間が必要で，その仕上げに時間を費やすのなら，別のことに時間を使う方が多くのことを成し遂げられます。仮に残り3割の完成度を高めるにしても，まずは早めに7割を済ませ，他の方の意見を聞くなど仕切り直しをする方がよいでしょう。

　研究授業で指導案を書く場面を考えてみます。まずは概略がわかる7割の段階で，関係する方に確認してもらいます。そうして改善すべき点を把握し，新しい視点を加え，完成させます。こうすると，修正を含めて締切までに仕上げられます。このように，他の人と関わる仕事ほど，進捗状況の報告も兼ねて余裕をもって提出するのがおすすめです。「完璧にしてから」と時間ギリギリまでかける人もいますが，修正を加えながら練り上げる方が楽ですし，よりよいものになることが多いです。

「巧遅は拙速に如かず」です。忙しいからこそ，普段から「7割主義」を念頭に置いておきましょう。

2　Well-being を基準にする

Well-being という言葉を耳にする機会が増えてきました。言葉の通り，Well（よい）Being（状態），心身ともに満たされた状態を表す概念です。教員にも個人としての生活があり，友人や恋人，家族，地域の方々など，様々な人との関係も大切にする必要があります。「働き方改革」や「ライフワークバランス」という言葉もよく聞くようになってきましたが，いずれもWell-being と関連していると考えられます。学校だけで生活の時間のほとんどを費やしていては，家庭生活や子育ては疎かになってしまいます。そうせざるを得ない状況も相俟って，教員採用試験の倍率が低下しており，大きく捉えると，学校や社会全体の持続可能を脅かしているとも言えます。このように，学校だけをがんばり過ぎることは，「局所最適化の愚」と言えます。

授業づくりで迷ったときにも，公私含め「Well-being に向かっているか」を基準に考えるとよいでしょう。

3　困ったときは人を頼る

観察・実験や理科室運営は言うに及ばず，指導方法から評価方法まで，経験者から直接学ぶことは多いでしょう。ところが，理科教員が校内に1人しかいなかったり，複数名いてもお互いの時間が合わなかったりして，なかなか質問したり相談できないこともあるでしょう（本書も，そうした方を意識して書きました）。そうした中，学校外の人とのつながりはとても大切です。

公立学校であれば，市区町村や都道府県の「○○中学校理科研究会」のような公的研究会に入っていることでしょう。教育委員会から認定を受け，持ち回りで公開授業を行っていることもあるでしょう。また有志でそうした研

究会をやっている場合もあります。組合系の教育研究会では，全国規模で活動しているものもあります。そうしたものに熱心に関わる先生もおられ，そこで学べる内容や教え方などは，視野を広げるきっかけになります。

　またSNSにも理科のつながりがあります。例えば，Facebookでもいくつか理科教育に関わるグループがあります。私自身も「FACEBOOK版【理科の部屋】」というグループを運営しています。LINEでもオープンチャットの「理科室の雑談」というグループをつくっています。

FACEBOOK版【理科の部屋】

　こうしたSNSのメリットの1つは，全国に広がっていることです。例えば，北海道や九州で火山が噴火したとき，噴火の1か月後には現地の方から火山灰を送ってもらって授業で生徒に見せたことがありました。また，物化生地の全分野に詳しい方はなかなかいないでしょうが，こうしたグループに参加していると，それぞれの方が何かしらに詳しく，自分が不得手なことを詳しい方から教えてもらえることがあります。このように，SNSも有効に活用すれば授業づくりに大変役に立ちます。

　「学校内のこと（だけ）を一生懸命やるべきだ」という考え方の先生もいらっしゃいますが，生徒によりよいものを教えるためにはどうしたらよいか考えたとき，私は積極的に外とつながりをもつことも大切だと考えます。

　なお私は，webサイト「にしきの理科準備室」も運営しており，理科に関する様々な情報を発信しています。本書の中には，この「にしきの理科準備室」の一部を再構成したものもあります。紙面に直接関係する動画等へのリンクはQRコードを掲載しています。リンクを示していない項でも，カラー写真等を掲載している場合がありますので，ぜひ一度ご覧ください。

にしきの理科準備室

第3章
観察・実験
手軽に，魅力的な学びを創り出す

第4章
学習評価
効率的かつ確かなテスト，評価を行う

第5章
生徒の疑問
素朴な問いから，知的好奇心を拡げる

第1章
授業準備
知的好奇心を喚起しながら，全員参加の授業を目指す

プリント式ノートで，
苦手な生徒も取り組みやすくする

理科のノート指導には，以下のような問題点があります。

■書くことよりも，理科そのものの内容に授業時間を使いたいが，生徒が書き写すのに時間がかかる。

■プリント類の整理や，ノートにのりで貼りつける作業に時間がかかったり，それらを苦手とする生徒がいる。プリント類は保管にも手間がかかる。

■副教材の理科ノートは，１時間で見開きページ分の授業が進められなかったり，計算練習が不足していたりといったことがある。

　理科の学習記録には，市販のノートや，専用の副教材のノートなどがありますが，上であげたような問題点があります。
　そこでおすすめするのが，「プリント式ノート」です。
　毎時授業で使うプリントを配付し，ファイリングしてノートにしていく，というやり方です（授業の中では，このプリントのことを「ノート」と呼んでいます）。副教材のプリント類なども，このノートに一括保管します。
　毎回，次ページのような定型のフォーマットで作成しています。

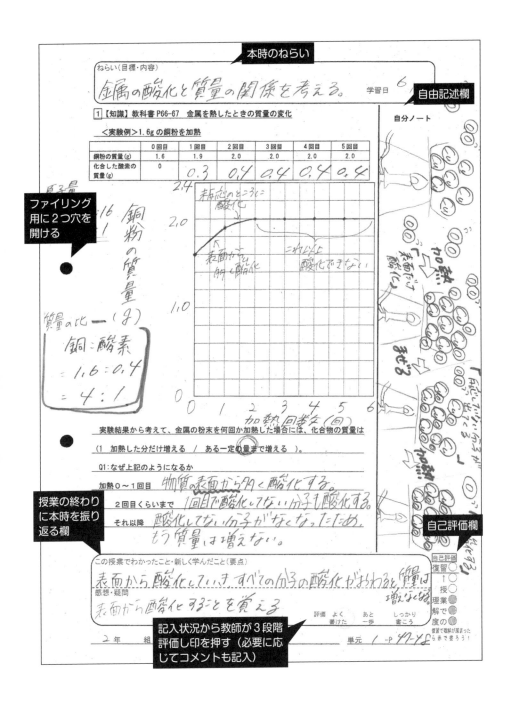

ねらい（目標・内容）

金属の酸化と質量の関係を考える。　　　学習日 6

自由記述欄

自分ノート

1 【知識】教科書P66-67　金属を熱したときの質量の変化

＜実験例＞1.6gの銅粉を加熱

	0回目	1回目	2回目	3回目	4回目	5回目
銅粉の質量(g)	1.6	1.9	2.0	2.0	2.0	2.0
化合した酸素の質量(g)	0	0.3	0.4	0.4	0.4	0.4

ファイリング用に2つ穴を開ける

原子量
16
1

銅粉の質量(g)

質量の比
銅：酸素
＝1.6：0.4
＝4：1

反応のとちゅう
酸化

表面が多く酸化

これ以上酸化できない

加熱回数（回）

実験結果から考えて、金属の粉末を何回か加熱した場合には、化合物の質量は

（1　加熱した分だけ増える　／　ある一定の量まで増える　）。

Q1：なぜ上記のようになるか

加熱0〜1回目　物質の表面から多く酸化する。

2回目くらいまで　1回目で酸化してない分子も酸化する。

それ以降　酸化してない分子がなくなったため、もう質量は増えない。

授業の終わりに本時を振り返る欄

この授業でわかったこと・新しく学んだこと（要点）

表面から酸化していき、すべての分子の酸化がおわると質量は増えなくなる。

感想・疑問

表面から酸化することを覚える

自己評価欄

自己評価
復習○
授業○
理解で○
度は○

評価　よく
書けた
あと
一歩
しっかり
書こう

2 年　　組　　　　　　　　　　　　単元 1-P47-48

プリント式ノートを使った授業の流れは，以下の通りです。

■前時
0　前時のうちに，「ノート」（プリント）を配付し，教科書を見れば埋められるような項目（次ページ参照）を宿題として課し，簡易的な反転学習にします。

■本時
1　「本時のねらい」の説明や宿題の答え合わせなどをしながら授業の導入を行います。
2　学力の高くない生徒が多いときには穴埋めを多くする，自学能力の高い生徒が多いときには「図と文で○○をまとめる」などのスペースを多くとる，など生徒の実態に応じた構成の「ノート」で授業を行う。
3　まとめは本時の振り返りを自由記述させ，回収する。

■授業後
4　「よく書けた」「あと一歩」「しっかり書こう」の３段階で評価し，必要に応じてコメントも記入する。次時に返却し，ファイルに綴じさせる。

プリント式ノートの効能で大きなことが２点あります。
　１点目は学力の高くない生徒や理科が苦手な生徒でも取り組みやすく，学習を習慣化させやすい点です。２点目は，生徒の疑問の見取りや指導と評価の一体化が楽にできることです。
　特に重要なのは１点目で，学力の高くない生徒や苦手な生徒は，自己肯定感が低い傾向があり，「どうせやってもわからないから」と最初から取り組まず，さらにできなくなっていく，という悪循環に陥っている場合も見られます。そこで，「自分の力でもできた」という達成感をもたせたいと考え，「ノート」のはじめの部分に，教科書の本文をベースに重要語句を穴埋めするような宿題を設けました。授業の導入も兼ねて記入内容の確認を行うことで，苦手な生徒も安心して授業に参加できます。

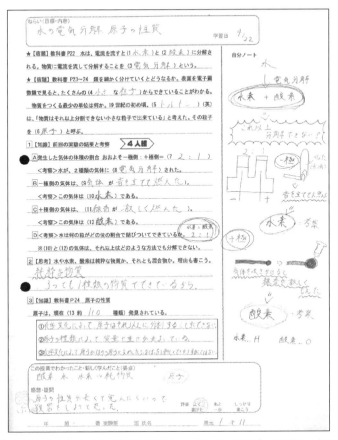

毎回新しい「ノート」を準備するのは，慣れるまでは多少大変ですが，一度基になる「ノート」ができれば，1回分が10～15分程度で作成できるようになります。

⊞ポイント

どのような授業を目指すのか，自分のスタイルを考え，それに合った学習記録の方法を考えましょう。「プリント式ノート」はその一例です。これをどんどんアレンジして活用してください。

［ノート］
プリント式ノートで，
生徒の疑問を汲み取る

　冊子のノートを毎時間点検するのは困難です。しかし，プリント式ノートなら，その時間の1枚だけ授業終了時に集め，次時に返却することができます。3段階評価欄を設けており，押印1つで評価できるようにもなっています。コメントは特別な質問が出たときや余裕があるときのみと割り切ります。

　ところで，授業中や授業後に質問してくる生徒は限られています。みんなの前で発言する

> この授業のまとめ（要点）
> 　合力は 2つの力から成り立つ「平行四辺形」の 対角線 になる。
>
> 感想・疑問
> 　平行四辺形になるという 法則を見つけ
> た人って 誰ですか？ 1576、ベルギーの
> 　　　　　　　　シモン・ステヴィン
> 評価　よく　　あと　　しっかり
> 　　　書けた　一歩　　書こう

には勇気が必要で，授業後も「こんなことわざわざ聞くのも…」と尻込みする生徒もいるでしょう。そこで，ちょっとした質問や疑問を拾えるよう，「感想・疑問」欄を設けました。今まで実際に「細胞分裂に限界はあるのか」「なぜ原子記号なんて面倒なものつくったか」「細胞分裂のときには原子は増えないのか」「なぜ月の裏側が見えないようにちょうどの周期になっているのか」などの質問・疑問が出ました（第5章「生徒の疑問」も，それらの中からセレクトしたものが多くあります）。よい質問が多数の生徒から出たときには，次時の導入で「前回のノートでこんな質問が多く出ました」と言ってフィードバックします。

🏫ポイント
　評価やコメントには労力が必要ですが，生徒のユニークな質問を読むのは楽しく，指導不足にも気づかされます。定着してきたら，毎回の提出は求めなくてもよく，適度に力を抜き，継続できることが大切です。

スマートフォンを，
書画カメラとして使う

　書画カメラは便利ですが，単体では拡大したいものがきちんと視野内に入っているかどうかがわかりません。振り返った姿勢でスクリーンやモニターを見る場合もあるでしょう。モニターがついたデジカメを使えばよさそうなものですが，多くのデジカメは HDMI 等の外部出力をつなぐと本体モニターがオフになってしまいます。

　そこでおすすめなのが機種変更等で余っているスマートフォンです。自在式のスマホスタンドと組み合わせれば手元を見れば視野を確認できる書画カメラのでき上がりです。デジタルカメラを使ってもよいでしょう（デジカメでも，SONY の

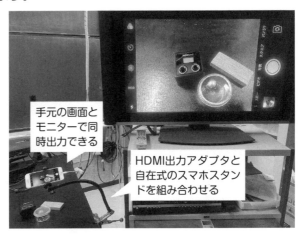

手元の画面とモニターで同時出力できる

HDMI出力アダプタと自在式のスマホスタンドを組み合わせる

DSC-HX9Ｖ など一部の機種は，外部出力と本体モニターに同時に出力できます。HDMI パススルーという機能で検索してみてください）。

🔬ポイント

　実験操作などの細かい部分を全体に伝えるのに書画カメラは大活躍。使い勝手によって活用度も変わって来ます。「ちょっと不便」をそのままにせず，「使いやすい！」と思えるものにしていきましょう。

[ICT]
ミックスカメラ機能で，
授業者と手元を同時に配信する

　Zoom 等での配信や動画教材作成も当たり前になってきました。そんなとき，「授業者と手元，両方を同時に映したい！」といった場面があると思います。

　そんなときは，無料でダウンロードできる I-O DATA の Camutil[※]を使うと，ノート PC 本体カメラと外づけの USB カメラ，２つを１つのカメラのように合成して配信できます。Windows PC に Camutil をインストールし，起動させます。本体カメラと USB カメラの２つを登録します。

　そうすると，右の写真のパソコンの画面のように，PC カメラと USB カメラ両方の映像が１つのカメラと認識されて映ります。それぞれのカメラのズームもできます。PC カメラが内蔵されていなくても，２台の USB カメラでも同様に合成することも可能です。

PC カメラ（向かって右に表示）

USB カメラ（向かって左に表示）

※ https://www.iodata.jp/lib/manual/camutil/index.html

ポイント
１つに２台のカメラが内蔵された機器もあります。
https://www.avermedia.co.jp/product-detail/PW313D

[ICT]

Kahoot! で，苦手な生徒でも楽しめる
クイズづくりを行う

　教育に使えるオンラインサービスは多数ありますが，ここでおすすめするのは Kahoot!（カフート）です。これは出題者がクイズをつくり，クラスメイトなどの大勢がそのクイズに参加できるサービスで，早押しのクイズ大会をクラス全員で行うことなどもできます。無料プランでも「4択形式」「○×形式」の問題は作成でき，授業で使えます。

　STEP1　問題を考える

　STEP2　PC等を用いて作成する

　STEP3　クイズを実施する

　上のような流れになりますが，特にSTEP1において既習事項を振り返り，要点を見いだす効果があります。

　問題例1「小さいときにはえらで，大きくなると肺で呼吸するのは何か」

　問題例2「植物は，昼は光合成，夜は呼吸を行う。○か×か」

　班で対話をしながら考えさせてもよいですし，慣れてくれば宿題のような形で個人作業でもよいでしょう。STEP3のクイズそのものは，学びの面から言えばおまけのようなものと考えてよいでしょう。STEP2，3の具体的な手順などは「カフート」「授業」で検索するとたくさん出てきます。

ポイント

　理科が苦手でも観察・実験など実物に触れるのが好きな生徒は多いように，インプットが苦手でもアウトプットが好きな生徒もいます。目先を変えたクイズはアクセントにもなり，理科が苦手でも「楽しい」と思える授業になります。

社会科の歴史的分野と
教科連携を図る

　学習内容の中には，教科が違っても同じ題材を扱っているものがあります。一例として「科学技術と人間」の単元での連携を紹介します。

　社会科の歴史的分野では，第一次世界大戦の特徴として，科学技術の発達により戦争の仕方が大きく変わり，総力戦となったことが出てきます。新兵器も登場し，その例として「毒ガス」が出てきます。そこで，毒ガスとは何か，そして「化学兵器の父」ともなってしまったフリッツ・ハーバーについて，理科の授業で扱いました。化学の知識は，ハーバー・ボッシュ法としてアンモニア合成により肥料の増産と食糧問題の解決にもつながった半面，塩素等の毒ガス兵器になりました。科学技術の正の側面だけでなく，負の側面も学び，使い方を常に考える必要があることを学んでもらいたいところです。

　また，文明開化で人名も出てくる北里柴三郎（単元「科学技術と人間」，免疫の話などについて）も生徒に好評でした。

　動画資料としては，NHK オンデマンド「フランケンシュタインの誘惑 E＋ ＃7『愛と憎しみの錬金術　毒ガス』」が背景等もわかりやすく，導入におすすめです。紙の資料としては『世界史は化学でできている』（左巻健男著，ダイヤモンド社）が生徒にわかりやすい資料です。また，ハーバーも北里も，マンガ『栄光なき天才たち』（次ページ）に登場します。

ポイント

　他教科で学習した内容を理科の切り口から授業を行うと，「へぇ，つながっているんだ！」という感想をもつ生徒もいます。普段からつながりを意識した授業を積極的に行い，理科への関心の間口を広げましょう。

理系マンガで，
生徒の知的好奇心をくすぐる

　「マンガ」というだけで，生徒の食いつきは格段によくなります。今，生徒も知る有名どころでいうと，『Dr. STONE』や『はたらく細胞』などでしょう。

　ここでは，中学校理科と関わりの深い人物が登場するマンガにしぼって紹介します。

■『栄光なき天才たち』（伊藤智義・森田信吾著，集英社）

　電子版全14巻

　メンデル，フリッツ・ハーバー，北里柴三郎，野口英世，モーズリーほか，様々な挫折のあった偉人等をドラマ風に描いているシリーズ。再版も多い。日本の原爆計画やロケット開発などのプロジェクトシリーズ，樋口一葉やマリリンモンロー等の理科以外の有名人も扱われている。

■『決してマネしないでください。』（蛇蔵著，講談社）

　全3巻

　テスラ，ニュートン，マリー・キュリー，ベル，キャベンディッシュ，アインシュタインほか，理系学部のキャンパスライフに絡め，偉人を人間的側面も描きながら紹介。NHKの夜ドラにもなった。

■『まんが　偉人たちの科学講義　天才科学者も人の子』
（亀著，技術評論社）

　ガリレオ，ファラデー，ニュートン，フック，ジュール，フレミングほか，正統派の偉人伝。全1巻であり，簡潔に人物を紹介するのによい。

社会科とも連携して，科学史的な授業を行うこともできますが，時間がなければ資料としてマンガのみ紹介するのでも十分です。

ここで紹介できなかった理系マンガも数十以上あります。私のホームページ中の「理系マンガ」コーナーを，ぜひご覧ください。

ポイント

　ベテランの先生は，常にマンガにアンテナを張り続けるのは難しいかもしれません。そんなときには，若手の同僚に聞くのも１つの手です。教員間のコミュニケーションも生まれ，一石二鳥です。

第2章
理科室づくり
管理や準備，片づけの工夫で，授業の効果を最大化する

観察・実験の準備，片づけは，セルフサービスで行う

　観察・実験で大変なのは道具の準備片づけです。生徒がセルフサービスでそれらを行うと，教員の負担は劇的に省力化できます。

　例えば，電子天びんを班番号を記入したトレーに入れて戸棚に片づけるようにします。右写真では，6班の電子天びんが持ち出し中です。戸棚にも班番号を振っておけば，片づけするときにも迷いません。またビーカーや薬さじなどの汎用品は班番号はつけず，片づける場所だけわかるようにしておきます。

■班番号つきの例

　電子天びん，電源装置，導線セットなど。保護眼鏡は，右写真のように班ごとのセットにし，各眼鏡にも班番号を書いておく。

■班番号なしの例

　ビーカー，薬さじ，ピペットなど。

🔬ポイント

　どこに何をしまうか，だれが見てもわかるようにしましょう。その道具を取り出したときにも，どこが定位置かわかるようにしておきます。

番号と専用トレーで，
配付，回収を確実にする

「教室に落ちていたマッチ，理科のものでは？」

学年主任の先生に言われて調べて見ると，その通りでした。実験で使った
マッチを生徒が勝手に持ち出していたのです。初任時代の苦い思い出です。
勝手な持ち出しは，「どうせ持ち出してもバレない」と生徒が高を括ってい
るときに発生します。そこで，次のようにしました。

マッチ箱にも班番号を振ります。
また，必要な本数のみ数えて持って
行くように指導しておきます。「き
ちんと管理されている」というのが
伝わるだけで，いい加減な使われ方
や持ち出しなどがなくなります。写
真のような班番号を振った専用トレ
ーをつくっておけば，どの班のマッ
チが戻っていないかも一目瞭然です。

この方法は，マッチやカッターなどの危険性が予見されるものだけでなく，
ルーペなどのように簡単に持ち出しできて遊びに使いたくなりそうなものに
も有効です。

⊞⊞ポイント

きちんと片づけをしないと一目瞭然でわかる形をとると，管理をしっ
かりやっていることが生徒にも伝わります。よい意味での緊張感をもた
せ，観察・実験の準備や片づけに取り組ませましょう。

導線の確認，準備が，
パッと見でできるようにする

電流の実験の授業が続くなど，前の組で使った導線を10分ほどの休み時間で確認して次の組でも使う場面。できるだけ短時間で確認できる方法が必要です。そして，できるだけ簡単に，費用をかけずに準備したいものです。

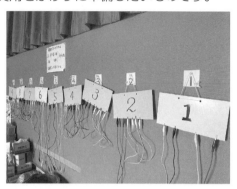

そこで，板目紙を20cm×15cmほどのサイズに切り，パンチで穴を開け，班の番号を書き，ひもを通します。壁やホワイトボードにも班の番号を書き，取っ手つき画びょうやマグネットフックでひっかける場所をつくります。そして，赤，黒などの導線がそれぞれ何本のセットになっているかを目立つように掲示しておきます。上の写真では，班番号を書いた板目紙を取っ手つき画びょうで留め，引っかける場所をつくっています。こうしておくだけで，導線がそろって戻っているかをひと目で確認できます。

板目紙だとそれほど耐久性はありませんが，2～3年間は十分に使えます。何より，簡単に準備できるのがメリットです。

▥▥ポイント

休み時間にできるだけ早く確認，準備を行うためには，パッと見るだけでできる方法が必要です。導線以外でも，パッと見でできる点検方法を考えてみましょう。

［実験準備］

事前指導と環境の工夫で，
観察・実験の時間を最大限長く取る

　観察・実験の時間。50分の授業時間内になかなか終わらない，ということもあるでしょう。そこで，いくつかの工夫を組み合わせ，最大限観察・実験そのものに時間を割けるようにします。

　「観察・実験を行うときには，できるだけ早めに理科室に来て，休み時間中に各班の道具を用意すること」と，年度はじめに約束をしておきます。そして観察・実験の前時に，目的や方法，準備について説明をしておきます。当日の説明は，ごく大切な事項や危険の注意だけで済むようにします。

　観察・実験の授業当日，理科室に早めに来た生徒が何をしたらよいか，ひと目でわかるようにしておきましょう。黒板に準備するもののリストを書いておき，必要ならば班番号つきのバット等に道具を小分けし，空いている机等に置いておきます。汎用の道具は，p.22の通りセルフサービス式にしておきます。授業が始まったら「早めに来た人，準備協力ありがとう！」などとお礼を伝え続けることで，自主的に動く生徒が増えてきます。

　片づけも，どこに使った道具を戻せばよいか明示しておきます。例えば「洗った500mL ビーカーを逆さにして戻すのはこのかご」「ガスバーナーはいつもの定位置」といった具合です。できる限り教員が手を出さずに片づけが済むことを目指しましょう。

🧪 ポイント

　習慣化すれば，生徒はスムーズに動きます。生徒たちでできることは自動的にできるようにすることで，教員も余裕をもって授業を行うことができます。

テーブルほうきで，
理科室の机をきれいに保つ

　理科室での授業後，消しゴムのカスなどが机上に散らかっていることがあります。「きれいにして理科室を出ましょう」と何度言っても変わらない…ということもあるでしょう。もしかしたら「きれいにしない」のではなく，「きれいにしにくい」のかもしれません。

　机上をきれいにするのが楽にできるよう，各机に写真のようなテーブルほうきを準備します。そして「ここで授業をやったときは，最後にこれできれいにしよう。もし次に来たときに汚れていたら（前のクラスの班に声かけするから）教えてね」と伝えます。きれいにするのが好きな生徒は少なからずいます。習慣づけば，あとは生徒が自主的にきれいにしてくれます。

▦▦▦ポイント

　授業の最後，教師の説明を数分早めに終わるようにして，まとめなどの時間にします。そうすると，まとめを早めに終えた生徒がテーブルほうきできれいにしてくれるようになります。

[実験後]
専用の乳鉢を用意し，
片づけを時短化する

　乳鉢をきれいにして片づけるのは大変です。授業時内に生徒にどこまで求めるのか。片づけをするのに時間が取られるから実験時間を短くしなくてはならないとしたら本末転倒です。そこで，片づけが最低限の時間で済むように，専用の乳鉢を用意してはいかがでしょうか。

　中学校で乳鉢を必ず使う実験は，鉄粉の硫化と酸化銅の還元でしょう。どちらも真っ白になるまできれいに洗おうとすると，乾燥まで考えるととても次の時間の授業に間に合いません。それならば，最低限の片づけとして，乾いたペーパータオルで粉を払って落とす程度で片づけます。次も同じ実験ならばそれで十分です。

　全クラスの実験後に収納するときも，粉が吹いていない程度にペーパータオルで拭けばよいでしょう。厳密な実験には向きませんが，定性的な中学校の実験ならばそれで十分です。ただし，同僚の理科の教員間で，その片づけ方について共通認識をもっておく必要があります。

🏫ポイント

　ただでさえ忙しい中学校現場。道具をきれいにし過ぎる必要はありません。乳鉢なら専用のものを用意し，粉を落とす程度の手入れとします。必要十分なラインを意識しましょう。

超音波洗浄機で，
小物を効率よく洗う

生物観察では，スライドガラスや
カバーガラス，ピンセットなど，小
物の洗いものがたくさん発生します。
最低限の洗いものや片づけは生徒に
行わせる場合が多いですが，単元終
了後などに完全にきれいにするとき
には，それだけだと心許ない場合も
あるでしょう。

そんなときに活躍する道具が超音
波洗浄機です。値段はピンキリです
が，眼鏡洗浄程度に使う小型のもの
なら，上写真のようなものが数千円
で販売されています。水を張り，食
器洗い洗剤を1，2滴垂らして超音
波洗浄機にかけ，すすぎをすればそ
れで大丈夫です。

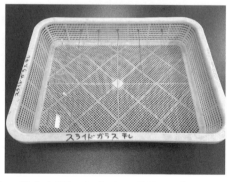

大量のスライドガラスを乾かすには，針金を張った専用の乾燥カゴをつく
ると便利です。教材会社が販売している乾燥台を用いるのもよいでしょう。

ポイント

手洗いが大変な大量の小物の洗浄，乾燥には，上手に道具を使いましょう。

各班ごとに，
手づくり雑巾干しを用意する

理科室の各班の机には雑巾が必要です。観察・実験後には必ず拭いてきれいにする習慣もつけておきたいです。

そのためには，洗って干す場所が必要です。右の写真のように，流しの上につけると，万一雑巾の水のしぼり方が悪くても大丈夫です。

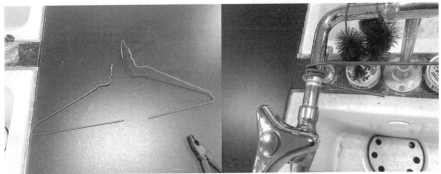

上の写真のように，1本の針金ハンガーを2つに分けます。あとは，ペンチを使って水道に巻きつけて固定するだけです。各学校の流しの形状に合わせ，工夫してみてください。

■■■■ポイント

まとめて干す雑巾干しでもよいのですが，生徒の動線や時間を考えると，できるだけ各班の机にあるのが望ましいでしょう。

[管理]
事前準備で，授業直前の 「消耗品がない！」を防ぐ

　観察・実験の授業直前。準備をしていたら「薬品が足りない！」など，消耗品が無くて困った経験はありませんか。注文に間に合うタイミングで授業計画ができていればよいのですが，現実的には前日になってようやく準備の時間が取れるということも多いでしょう。こうした消耗品の準備を一番簡単に，そして確実にする方法があります。それは，授業後に補充，準備をしておくことです。

　薬品や消耗品が少なくなったなどということは，授業中に気がつくでしょう。授業が終わり，それらが意識に残っている間に手配をしてしまうのです。「終わってひと息つきたいのに面倒！」という気持ちもわかりますが，ここが勝負どころです。意識に残っているということは，手配も簡単にできるでしょう。これを「次回の授業までに…」としてしまうと，いざというとき「しまった，準備が間に合わない」と，もっと面倒なことになります。

　この方法は，同僚と共通認識をもっておくことも大切です。電流計や顕微鏡など，物品の修理が必要になったときも同じです。不具合が発生したときそのままにしておくと，必要なときに使えません。

　消耗品以外の授業プリントや自作テスト問題も同じことが言えます。授業をやっていて「これは使いにくい」などと感じることがあるでしょう。それらも授業後すぐに直しておきましょう。

ポイント
　授業を終えたら，忘れる前に消耗品の補充，準備も行っておきましょう。消耗品だけでなく，教材の手直しなども同様です。

［管理］
道具管理のポイントを押さえ，使いやすい理科室を目指す

　理科の観察・実験に関わる道具は多岐にわたります。効率的に管理しなくてはなりません。

　着任したばかりでも，どこに必要な物品がしまってあるかわかりやすく使いやすい理科室があります。何校もの理科室を見てきて，使いやすい理科室には，以下のような共通のポイントがありました。

①道具の数量の考え方は，教員演示用／生徒班数／生徒人数

→高額な備品や演示で十分な実験の道具は，「教員演示用」として１台
　　例：誘導コイル，ストロボスコープなど

→班で行う観察・実験の道具は，予備を含め「生徒班数」＋２程度
　　例：電源装置，ガスバーナーなど

→一人ひとりが使う道具は「生徒人数」＋予備数個
　　例：保護眼鏡，ルーペなど

②「汎用品」か「専用品」に分けて考える

→ビーカーや薬さじ，スポイト，導線，保護眼鏡，温度計など，いくつもの観察・実験で共通して使う物品は「汎用品」として，取り出しやすい引き出しや棚等に整理して収納します。

→電流と発熱用の道具，イオンの電気泳動用の道具など，その実験でしか使わない道具は「専用品」とします。「専用品」は，セットにして適当

な大きさの段ボール等に入れて片づけます。実験に必要な温度計等，汎用品が別途必要な場合には，箱の中にその旨のメモ書きを入れておくと，いざ使うときに迷わずに済みます。

③「専用品」は分野別で収納する

「専用品」の道具は，ほとんどが物理／化学／生物／地学のどれかの分野に分けられます。それぞれの分野も，可能であれば関連分野ごとにまとめられるとよいでしょう。

例えば，物理なら「力学」「光」「音」などに分けられるとよいでしょう。特に高価な道具や危険物は準備室に収納します。

④理科室が複数あるときは「生／化」と「物／地」に分ける

もし理科室が２つあるのなら，水を扱うことの多い「生物／化学」と，それ以外の「物理／地学」で「専用品」をわけておくのがおすすめです。

また，「汎用品」については，可能な限り両方の部屋に用意しておくとよいでしょう。

⑤複数教員で理科室を使うときはワゴンを使う

理科教員が複数いる場合，「物理／地学」の部屋で顕微鏡を使いたい，などという場合もあるでしょう。また１時間目が１年生，２時間目は３年生の実験…などと，理科室使用が立て込む場合もあります。

そうしたときのために，物品の移動用のワゴンを用意しておくと便利です。予算と場所が許せば，理科教員１人１台はほしいところです。

⑥理振台帳の管理は事務にお任せする

理科教育振興法（理振法）は，理科教育の振興を目的として1953年に制定，1954年に施行された法律です。理科（数学も含む）で使う備品がどれだけ各学校にあるべきか基準が設けてあり，公立及び私立学校設置者に対して国か

ら予算の範囲内で購入経費が補助されます。基準に対してどれだけ備品があるかを調べるため，「理科教育等設備台帳（理振台帳）」の点検が年に1回行われるのです。

　しかし，理科教員にとって毎年のこの点検を行うのは大変です。そこで，台帳を管理するのは教科ではなく，事務担当にお任せするのがおすすめです。備品購入や処分は事務を通して行うため，備品増減の時点で台帳に記録を残してもらえれば，現数点検を毎年行わなくても数は把握できるようになります。現在，教科で台帳を管理しているのであれば，管理職や事務に相談してみましょう。

🧪ポイント

　管理のルールは理科室を使う全教員で共通理解をもちましょう。理科主任になったときが変えるチャンスです。

観察・実験の事故の8割は，
計画，準備で防げる

　中学校での事故等のニュース。運動会練習や部活動での熱中症，水泳や柔道での事故に並んで，理科実験での事故も時折見かけます。保健体育や技術・家庭科といった実技教科に並んで事故の可能性が高い教科と言えます。500事例以上の学校での理科関連の事故事例を集め分析した書籍※では，「基本操作や器具の取り扱いミスによる事故」として多くの事例が紹介されていますが，事前に想定できなかっただろうと考えられる事例は全体の2割に満たないくらいです。逆に言うと，8割は事前の何らかの対策で防げた可能性があります。ここでは，中学校理科で何度も繰り返される硫化水素による事故と，食べる実験を例に，安全な計画，準備のあり方を検討します。

■硫化水素による事故

　学校の理科実験の事故が，ネットニュースで速報として流れることがあります。中でも「異臭で体調不良を起こし，救急搬送」というものが多いようです。1～2年に1回くらいはあるでしょうか。中でも中学理科で多いのが「硫黄を用いた実験での異臭による体調不良」です。これは，ほぼ硫化水素によるものと考えられます。

　実験で硫化水素を発生させるとしたら，2年の鉄と硫黄の結びつく反応の単元でしょう。鉄と硫化鉄の違いを確かめる方法の1つとして，塩酸とそれぞれを反応させ，発生した気体のにおいを嗅ぐ方法があります。教科書会社によってやや扱いが異なり，5社のうち3社は生徒実験として，鉄と硫黄の反応後の物質に塩酸を滴下等させていますが，1社は塩酸との反応は「反応前後の物質を調べる方法」の別法扱い，そして残り1社は実験では扱わずに実験後の本文で「加熱後の黒い物質に塩酸を加えると特有のにおいの気体が発生する」という説明のみです。また，塩酸を反応させる実験を掲載してい

るところでも，反応後の物質の扱いはわずかで，薄い塩酸を数滴たらすだけにとどめ，においの嗅ぎ方の注意等も掲載されています。このように，教科書通りの実験方法を行う限りにおいては，安全に実験ができるはずです。

　事故報道では，なぜ救急搬送が必要な状態になってしまったかの直接的な原因まではなかなか知ることはできません。種々のヒヤリハット事例から考えてみると，この実験で体調不良が起きるほどの硫化水素が発生する原因として，生徒に指示が徹底できずに薬品の分量を多くし過ぎた，直接深く気体を吸い込んでしまったなどが考えられます。中には，教員が濃い塩酸を教卓に放置していて生徒がそれを用いてしまった，反応をわかりやすくするために規定よりも濃い薬品を教員が用いていた，なども考えられます。この実験に限らず，実験の安全性から考えると，濃度や分量は教科書通りが第一です。どうしても違う濃度や分量で実験を行うときには，くれぐれも予備実験を慎重に，そして何回も行う必要があるでしょう。

■食べる実験

　食べる実験は，生徒に人気です。普段は「理科が嫌い！」と言っている生徒でも，その授業だけは文字通り食いついてくる，などという場面も見られます。ぜひとも数多くやりたいところですが，後で問題を起こさないために考えておくべきことがあります。

　実際にあった事例です。2年生のからだのつくりの学習でイカの解剖を行いました。その後，ガスバーナーで炙って生徒にも食べさせたところ，腹痛を起こす生徒が出ました。このときの問題は2点です。その活動をやるべき必然性があったのか，そして食べるにあたって相応の配慮をしたのかです。前者は，学習指導要領（教科書）にあるかどうかで判断されます。後者は，用いた器具の消毒や衛生面はどうであったかが調べられます。それらについて説明できないのであれば，教員の責任が大きいと判断されるでしょう。

　生物の命をいただいて学習したからこそ食べて供養をしたい，という思いは私も強く感じます。しかし，適切な説明ができず，安全を確実に担保せず

035

に実施したならば，その活動は勇み足であると言わざるを得ません。

■「週案」は理科教員の身を助く

　もし観察・実験で事故が起きてしまった後，どのように責任が問われるかを考えてみましょう。校内での対処で済む程度であれば，管理職からの注意で終わるでしょう。もっと規模が大きかった場合，公立校ならば教育委員会からの調査が入ります。その授業の計画がどのようになされたのか，また観察・実験の内容や準備，指導方法は適切だったのかが調べられます。そのときには，週案など，授業計画の提出が求められるでしょう。皆さんは，週案等の授業計画はきちんと記録されているでしょうか。

　この文章を書いている2022年，北海道で遊覧船が沈没し，多くの方が亡くなってしまう事故が発生しました。その際，運行記録が杜撰であったこともわかり，大きな非難を受けました。行うべき記録をしっかりと行っていないことは，第三者から見ると「杜撰」と判断されるのです。これを学校にあてはめて考えてみます。立派な授業を頭の中で考えたとします。しかし，その計画や記録が残されていないと，いざというときの説明責任を果たせないのです。観察・実験がきちんと計画され，管理職が承認していたという客観的な記録が大切だということです。

　毎週の週案記録や管理職承認が面倒なのは，気持ちとしてはとてもよくわかります。自治体により週案の扱いには差もあるようで，中には管理職自体が面倒がって平時は点検しないところもあるという話も聞きます。しかし，自身の身を守る意味でも，きちんと提出して管理職の押印をもらうことを強くおすすめします。そうすれば，事故が起きたいざというとき，少なくとも授業者本人だけの責任にはなりません。公立中学校では，全日本中学校長会でつくられた「週案」が頒布されています。国立・私立中学校では，指定のものがない場合もあるようです。その場合，日々の記録を何かの形でまとめておく，自分なりの週案を作成しておくとよいでしょう。

※左巻健男他（2003）『理科の実験　安全マニュアル』（東京書籍）

第3章
観察・実験
手軽に，魅力的な学びを創り出す

［1年／エネルギー／光の反射・屈折］

水を注ぐと見えなくなる !?

■準備物
・透明プラコップ
・紙コップ（プラコップを重ねて入れられるサイズ）
・消したいものを書いた紙

　導入に使える光の実験です。材料も入手しやすく手軽にでき，全員が個別に実験することもできます。また作図で思考させるのにももってこいです。

1　不思議なコップをつくる

　右の写真を見てください。地酒カップを1/3くらいまで中身を空けたところです。空いた部分に文字などが見えていますが，中身のある部分は光って見えません。このカップは，外側は紙でできていて，内側には，地元のミニ情報などが印刷されています。内側には透明のカップがはまっている二重構造になっています。

　これと同様のものをつくってみましょう。紙コップの中に消したいものが書かれた紙などを入れ，プラコップを重ねるだけで完成です。

2　水を入れてみる

　完成したコップに水を入れていきます。最初は右上の写真のように中が見えています。徐々に水を加えていくと，右下のように中が見えなくなっていきます。この現象だけでも生徒は何度でも試行錯誤して楽しみます。間に挟むものの工夫などもよいでしょう。ここまでの実験なら，丁寧にコップを扱えば何クラスでも使い回し可能です。

　また，発展として，透明プラコップ自体に外側から油性ペン等で文字を書いてみましょう（使い回しはできなくなってしまいます）。ここで書いた文字は，水を入れても見えなくなりません。

3　原理を考える

　全反射の学習を終えたら，このコップの原理を考えてみましょう。右図では，外側の実線が紙コップ，内側の破線がプラコップを示しています。黒い太い線が中に入れた紙です。右図のように，水が入ったことで全反射が起こります。光って見えなくなったのは，つまりコップの底の部分を見ていることになります。発展として直接プラコップ自体に文字を

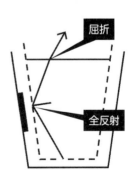

書いた場合には，空気の層を挟んでいないことから，水を入れたことによる全反射の影響を受けずに，常に見えることになります。

所要時間
約10分

分光シート越しに
光を見てみよう

■準備物
・分光シート

現行の学習指導要領に新たに加わった光と色。プリズムを使った実験よりも簡単に，しかも一人ひとりが楽しくできる実験です。

⚠️**注意事項**

太陽は絶対に見ないように指導します。また，照度の強い光源を見るときにも，目を痛めないように注意を促しましょう。

1　分光シート越しに光を見る

分光シートを全員に配ります。右写真のように数cm角程度に切って配るとよいでしょう。片目に当てて光を見ると，光が虹のように見えます。

分光シートは，レプリカグレーチングシート，回折格子シートとも呼ばれています。ナリカやケニスなどの理科器具メーカーで販売しています。今回のように直接目で光源を見るには，250本/mmくらいのものが使いやすいでしょう（もっと本数の多いものは，分光器などをつくるのに使います）。全員に配付しても，1人あたりはかなり安価で済みます。

手間はかかりますが，固い紙にパンチ穴を開け，リング補強シールで5㎜角程度の分光シートを貼って配付すれば，もっと安価で済ませることができます。

　分光シートは，高校物理で学習する回折を利用しています。回折は，例えば街中ののぼり旗越しに見る光がいくつかの色に分かれて見える現象でも見られます。

　生徒には「白い光は虹のようにいくつもの色が混ざってできています。このシートは，プリズムと同じように光を元の光に分けます」と説明するとよいでしょう。

2　白熱電球と蛍光灯を見分ける

　白熱電球（左）と電球型をした蛍光灯（右）を分光シートで見てみました。暗くした部屋で光源だけを見た写真です。分光シートを使わずに見るとどちらも同じように光って見えますが，分光シート越しに見ると，左は連続して各色がつながっていますが，右は飛び飛びです。発光の原理の違いによって，含まれている光の成分が違うことがわかります。

[1年／エネルギー／光の反射・屈折など]

リモコンの赤外線を見てみよう

■準備物

・家電のリモコン（赤外線を使ったもの）
・デジカメやデジタルビデオ，スマートフォン

太陽の光をプリズムなどで分けると虹が見られます。外側が赤，内側が紫です。さらにその外側や内側には何もないのでし

赤外線←赤・橙・黄・緑・青・藍・紫→紫外線

ょうか。ヒトの目には見えないだけで，赤の外には赤外線，紫の内側には紫外線があります。赤外線を使ったリモコンは，機器の方に向けて使いますが，それは赤外線も光の一種で，光が直進しているからなのです。

⚠注意事項

ボタンを押したまま，リモコンの送信部を長時間見ないように指導しましょう。

---

①赤外線を見る

1　レンズに向けてリモコンを押す

リモコンの送信部をデジカメやデジタルビデオ，スマホのレンズに向けます。電源を入れ，リモコンのボタンを押してみましょう。肉眼では見えなくても，リモコンの

送信部分が画面上で光って見えれば，それが赤外線を可視化したものです。

2 見えない場合には

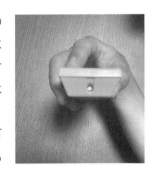

カメラ側に赤外線をカットするフィルターが使われている場合には，1の方法で見えません。スマホのメインカメラで見えないときには，自撮り用のサブカメラも試してみましょう。例えば iPhone では右のようにサブカメラで確認できました。

デジカメやスマホに使われているセンサーは，可視光外にも感受性があります。赤外線にも反応するので，疑似的に見ることができるのです。

②音として聞く

リモコンの信号を音にすることもできます。太陽電池にミニプラグをつけ，パソコンやラジカセ等のマイク入力端子につなぎます。そして，マイクの音量を上げ，太陽電池に向けてリモコンのボタンを押します。すると，「プルル…」というような断続的な音が聞こえます。リモコンの赤外線を太陽電池が電流に変換し，電流をスピーカーが音に変換したのです。大きな音が出ることもあるので注意してください。

[1年／粒子／身の回りの物質とその性質]

ジャガイモの浮き沈みで，水溶液の密度を確かめよう

■準備物
・食塩
・ジャガイモ

　金属固体などの密度測定は教科書でも生徒実験として扱われています。しかし，水溶液の密度については，浮き沈みと関連して水銀に浮く鉄の写真が出ているだけのことも多いです。そこで，こんな実験はいかがでしょうか。

1　飽和食塩水をつくる

　飽和食塩水をつくります。1Lの水に対して400g以上の食塩が必要です。少しかき混ぜた程度ではなかなか飽和しません。5分以上かき混ぜてつくります。また，飽和食塩水を2Lのペットボトルに詰め，生徒に持たせてみましょう。明らかにズシッと水より重く感じ，密度の大きさを体感できます。

　この飽和食塩水にジャガイモを入れると，上の写真のように完全に浮きます。事前に水には沈むことを見せておくのもよいでしょう。

2　二段重ねをつくる

はじめに容器に半分弱の水を入れます。そこに，ジャガイモを入れます。

ジャガイモは沈んだ状態になります。そして，右図のように漏斗とホースを使って少しずつ飽和食塩水を入れます。水と混ざらないように，水の下に飽和食塩水を入れていくようなイメージです。そうするとジャガイモは飽和食塩水には浮き，水には沈んだような二段重ねの状態で浮遊します（下写真）。飽和食塩水に赤インクで色をつけておくのもよいでしょう。

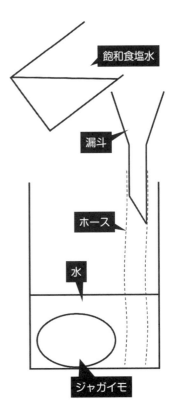

浮遊したジャガイモを箸などでつつくと，右写真のように境目でもやもやしたものが見えます。水と食塩水はすぐには混ざらず，屈折率の違いからもやもやが見えます（「シュリーレン現象」といいます）。さらにかき混ぜて均一な状態にすると，液体の密度は均一になり，ジャ

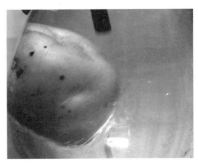

ガイモは完全に浮いてしまいます。水の密度は約1 g/cm^3，ジャガイモは約1.05～1.08g/cm^3，飽和食塩水は約1.2g/cm^{3}という情報なども用い，浮き沈みのまとめをするとよいでしょう。

［1年／粒子／水溶液］

食塩でオリジナル石けんをつくろう

■準備物

- ・固形石けん
- ・食塩
- ・アルミホイル
- ・おろし金
- ・ガーゼ
- ・500mL ペットボトル
- ・クッキー抜き型

　食塩を使って，オリジナルの形に整えた石けんをつくる実験です。食塩によって塩析が起こることを利用しています。塩析については高校の化学で学習しますが，中学校でも飽和食塩水を使ったお楽しみ実験として扱えます。

　この実験は，形を変えると食塩水と砂糖水を区別することもできます。お湯に溶かした石けん水を食塩水と砂糖水に加えると，食塩水は白いモヤモヤが発生しますが，砂糖水では発生しません。

⚠️ 注意事項

　石けん液が目に入らないように，安全眼鏡をかけて実験を行いましょう。また，お湯を沸かすときにはやけどに注意させましょう。

1　石けんを削り，お湯に溶かす

　固形石けんを，おろし金などを使って細かくします。細かくなった石けん10g を200mL 程度のお湯に溶かして石けん水をつくります。

2 飽和食塩水をつくる

500mL のペットボトルに300mL の水と120g の食塩を入れよく振ります。溶け残りが下に少し残るようであれば，飽和水溶液のでき上がりです。

3 石けん水と飽和食塩水を混ぜる

石けん水に少しずつ飽和食塩水を加えていくと，右の写真のようにだんだんとモヤモヤしたものが浮いてきます。石けん水と同量程度の食塩水を加え，ガーゼで濾し，まだ柔らかい状態の石けんを取り出します。

4 型にはめる

クッキー型をアルミホイルでくるんだものにはめ，１日～数日乾燥させれば，でき上がりです。

固形石けんの代わりに，液体石けんを使う方法もあります。その場合，50mL の液体石けんに食塩10g を入れてよくかき混ぜ，型に流し込んで１日乾かせばでき上がります。

所要時間
約20分

［1年／粒子／状態変化と熱］

スローモーションで沸騰を観察しよう

■準備物
・スローモーション撮影ができるデジカメ，スマートフォン
（カメラ固定用の三脚があるとよい）

沸騰すると液体の水が気体の水蒸気になります。ぐつぐつ沸騰しているときの泡が水蒸気というのを理屈では知っていても，直接観察するのは難しいです。ところが今どきのスマホを使うと簡単に撮影して確かめられます。

⚠️ 注意事項

火を使うときには，やけどに注意しましょう。

1 沸騰の様子をスローモーション動画で撮影する

ビーカーで水を沸騰させます。水の高さが十分にある状態で行いましょう。その様子をスマホ等のスローモーション動画で撮影します。専用の三脚など

を使うと，手振れなく，よりきれいに撮影できます。

2　動画を再生し，様子を観察

　撮影した動画を再生します。下段の4つの写真の矢印は，左から順に1つの泡が上がっていく様子に注目しています。上がって行くにしたがって，泡は小さくなっていきます。気体だった水蒸気が水に戻っていくからです。

　「もしこの泡が空気だったら，どんな様子になると考えられるでしょう。またその理由を，気体の性質を基に説明しましょう」などの発問もよいでしょう。空気（窒素や酸素など）は水に溶けにくいため，こんなふうに体積が減ることはありません。

　機種などにもよりますが，通常の動画は30fps（1秒に30コマ）で撮影しています。スローモーション撮影では120fpsや240fps，つまり1/4倍速や1/8倍速での撮影ができます。通常では観察しにくい速度の変化や運動の観

察が，今はスマホ1つで手軽にできるようになりました。状態変化の他にも，ペンギンの泳ぐ様子やチョウや鳥の飛ぶ様子，物体の燃焼，水滴の落下など，様々な場面での利用が考えられます。ぜひ生徒にカメラを持たせて授業で活用してみましょう。

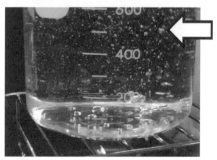

所要時間
約10分

[1年／粒子／状態変化と熱]

水の蒸発による質量変化を，精密電子天びんで捉えよう

■準備物

・精密電子天びん（0.1mg単位まで測れるもの）
　本稿では OHAUS 社の PX224（最少単位0.1mg）を使用

　水の蒸発を精密電子天びんで測ります。約80℃の水（湯）で，みるみる蒸発して質量が減っていくのがわかり，生徒にとって「水の粒が気体として出ていく」ことの印象が強く残ります。さらに約10℃の水と比べると，蒸発の速さの違いがわかります。

> ⚠注意事項
>
> 　熱い湯を使うときにはやけどに注意しましょう。また，熱いビーカーをそのまま天びんに載せると故障の原因になります。段ボールをアルミホイルでくるんだものを下に敷くなどするとよいでしょう。

1　熱い湯をビーカーに適量入れ，温度を測る

　湯を入れたビーカー全体の質量が，天びんの最大測定範囲を越えないように，適量の湯を入れます。例えば，次ページの写真では，50mL ビーカーを用いていますが，約50mL の湯を入れて，合計約85g 程度でした。電気ポットで沸かしたお湯を入れたところ，実測で80℃でした。

2 ビーカーを天びんに載せる

　減少量は最初の約 1 秒で3.5mg，約10秒で44.1mgでした。実際に数字を見ていると，めまぐるしく減っていく様子がわかります。

　0.1mg減ると，何個の水分子が蒸発したのか概算で計算してみます。水分子の分子量を20，アボガドロ数を 6×10^{23} とします。生徒には「水が20g あると，水分子が 6×10^{23} 個あるんだよ」程度の説明をします。

　　→20g は20000mg。100000分の 1 にして，
　　　0.2mgでは 6×10^{18} 個。
　　→0.1mgでは 3×10^{18} 個。
　　→兆の単位が 10^{12} 個，京が 10^{16} 個なので，
　　　0.1mgで300京個。

　「この天びんの一番小さな数字が 1 減った（＝0.1mg減った）ときには，300京個の水分子が，液体から気体へと変化して蒸発していったことになるね」と話します。

最初は全体で85.4974g

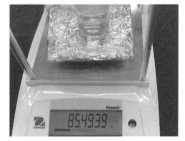

約 1 秒後，85.4939g

約10秒後，85.4533g

3 水で同様の実験を行う

　10℃の水では，1 分ほど変化を見続けても，質量の減少はほとんど見られませんでした。精密電子天びんで量ると，温度による蒸発の速さの違いも実感できます。

紙を火にかけ，お湯を沸かそう

所要時間
約30分

■準備物
・ボール状の紙皿やコピー用紙
・アルコールランプやカセットコンロなど火を弱められる熱源

旅館などで見かける紙鍋。改めて考えてみると，紙は火で燃えるのに火にかけて鍋にできるのは不思議ですね。自分で用意した材料で実験を行い，なぜ燃えないのか考えてみましょう。

⚠ 注意事項

火にかけている水がこぼれても大丈夫なように広いスペースを確保して行いましょう。

1 紙皿などに水を入れる

紙皿に1/3程度水を入れます。皿の大きさは，上から見た炎の直径よりも大きいものにします。右の写真では，支えつきのアルコールランプの上に置いています。実験用カセットコンロは一般的なカセットコンロよりも火口が小さいので便利です。

2　火をつけ，沸騰させる

　アルコールランプやカセットコンロに火をつけます。水の入っている部分以外に炎がかからないような炎の大きさにします（万が一，水の入っていない部分に炎が触れると，燃えてしまいます）。

　そのまま加熱していくと，右上の写真のように沸騰し始めます。よく見ると炎の当たっているあたりの紙が焦げてくることがあります。様子を見ながら，水が漏れそうになったらすぐに火から下ろしてください。

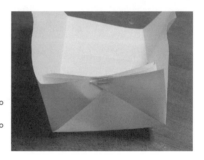

　箱型に折ったコピー用紙でもできました。ステープラーで留めました。水が染み込みにくい紙で行うのがコツです。

　なぜ紙でお湯が沸かせるか，生徒に考えさせてみましょう。まずは，紙が燃えるのはどんな条件を満たしたときか，ヒントとして与えるとよいでしょう。ものが燃えるには，発火点になる必要があります。紙の場合，およそ400℃以上です。つまり，それ以上に温度が上がらなければ，紙も燃えないのです。

　水は，通常沸点が100℃です。沸騰しているときでも約100℃。つまり，水が入っているとき，火にかかっていても100℃以上にはなりません。水に直接触れている紙鍋も，ほぼ同じ温度になっていると考えられ，燃えないのです。逆に言うと，水に触れていない部分に火が当たると，燃える可能性があることになります。

　紙以外にも（穴の開いていない）キャベツや昆布，薄焼き卵でも成功事例が見つかりました。様々な工夫を考えて実験するのもよいですね。

［1年／粒子／状態変化と熱］

食塩の状態変化を観察しよう

■準備物
・食塩
・12mm径の試験官

状態変化の学習では，水やエタノールなどを中心に扱いますが，身近な食塩も，コツさえつかめば状態変化を簡単に観察できます。

> ⚠️注意事項
>
> 火から下ろした試験管や試験管から出して固体となってすぐの食塩は，しばらくの間かなり高温です。どちらも見た目では熱さがわからず，生徒がつい触ってしまうことが多いので，くれぐれも注意しましょう。

1 準備をする

「生徒が食塩の状態変化をやったけれど，うまくいかない」という話をよく聞きます。原因は，径が16.5mmや18mmなどの試験管を使っていて，食塩の融点の約800℃に達していない場合が多いようです。また，食塩の量が多いのかもしれ

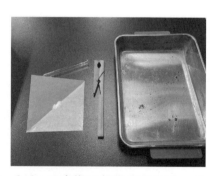

ません。成功率を上げるには，あまり中学では使わない細い12mm径の試験管を用い，0.3g の食塩で行うことです。その他の道具は，試験管ばさみとステンレスバット，ガスバーナーです。

2 加熱する

　試験管に食塩0.3g を入れて加熱します。ガスバーナーの炎の芯の三角形の真上あたり，一番温度の高いところで加熱します。いきなり強熱すると試験管が割れることがあるので，はじめの数十秒は，試験管の先で円を描くようにしながら炎の中に入れていきます。その後は，右写真１つ目のように，じっと固定して加熱します。すると，右写真２つ目のように，食塩が無色透明の液体になります。

3 外へ出す

　液体になったことを観察したら，右写真３つ目のように一気に中身をステンレスバットの中に出しましょう。一瞬で冷え，右写真４つ目のように固体に戻ります。固体になっても熱いため，すぐには触れないように注意してください。

　この実験をすると，液体になっているときに「食塩水になった」と言う生徒がいます。水は一切加えていないことに触れつつ，状態が変化しただけの「食塩の液体」であることを確認しましょう。

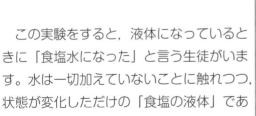

所要時間
L
随時

[1年／生命／生物の観察]

簡易ビオトープをつくろう

■準備物
- ・水槽
- ・稲わらや荒縄
- ・水田の土，荒木田土など
- ・園芸用の乾燥鶏糞

　理科室内でつくれるビオトープで，様々なプランクトンの観察ができます。確実にミジンコが出てくるとは言えませんが，逆にそれがビオトープの魅力です。30分ほどで準備完了，数日後くらいから様々な生物が見られるようになってきます。数か月以上長期間見続け，季節によって出てくるプランクトンの変化を調べるなど，科学部などでの継続観察にもおすすめです。

①水槽にひとつかみ程度，乾燥鶏糞と稲わらを敷きます。（右写真）

②稲わら・鶏糞の上に水田の土を5㎝ほど敷きます。水を入れてから稲わら等が浮いてこないよう，空気を抜くように固く敷き詰めます。

③水を張ります。日当たりのよい場所に置いておきましょう。減った分の水だけ補給します。

④早ければ数日後から，小さな植物やミジンコ等のプランクトンが出てくるかもしれません。準備したときにスライドガラスを沈めておくと，何かし

らのプランクトンが付着していることも多いです。

　水を張る入れ物は，水
槽でなくても押し入れ収
納ケースが安価で便利で
す。水田の土は「ミジン
コ，休眠卵」のキーワー
ドで検索すると出てきま
す（「ミジンコ休眠卵入
り田土」などとして販売
しています）。また，睡
蓮などを植える「荒木田

左は準備直後，右は3か月後

土」でもよいでしょう（水田の土を使っていることが多い）。乾燥鶏糞もネ
ットで購入できます。稲わらの代わりに，荒縄や乾燥させたイネ科の植物で
代用しても構いません。なお，稲わらは動物プランクトンが食べるバクテリ
アの増殖用，鶏糞は有機物の供給源として入れてあります。

　ボウフラが発生して困るときには，網戸の網に枠をつけて蓋にするとよい
でしょう。

　名前がわからないものが出ることもしばしばです。それも含め，生物に親
しむ機会になるでしょう。

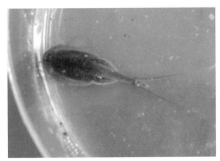

ホウネンエビ（左）やカブトエビ（右）が出たことも

[1年／生命／植物の体の共通点と相違点]

1つの花とは何だろう？

■準備物
・キク，アジサイ，ヒマワリなど

道ばたでみかけるタンポポ。「1つの花は，花びらのように見える一つひとつ」と学びます。しかし，それでもピンとこない生徒も多いものです。そこで，段階的にいくつかの種類の花を観察すると，スムーズな理解へつなげやすくなります。

1 ヤグルマギクを観察する

ヤグルマギクは花屋さんでもよく見かけます。どこかで見覚えもあるでしょう。これもタンポポと同じキク科の植物で，花の外周の一つひとつの花びらのようなものや中央付近の棒状の一つひとつが1つの花です。外周と中央部では花弁の形の違う花が咲いて

います。それぞれの形から，外周のものは「舌状花」，中央のものは「筒状花」と呼ばれています。ちなみに，タンポポはすべて舌状花です。

2 アジサイやランタナを観察する

　それでもヤグルマギクやタンポポがた
くさんの花の集まりであることがしっく
りこなければ，右写真１つ目のアジサイ
や２つ目のランタナはどうでしょうか。
キク科の花に比べると，一つひとつの花
が大きくはっきりしています。それでい
て花のかたまりが１つにまとまっている
のがわかります。これらの花を見て，す
っと腑に落ちる生徒も多いようです。

3 ヒマワリを観察する

　そして，最後にヒマワリを見てみまし
ょう。たくさんの花の集まりであること
がすっとわかるようになっているでしょ
うか。ヒマワリもキク科で，外周の舌状
花と中央部の筒状花でできています。

　これらの植物を，実際に観察できるの
が望ましいのですが，実際には難しいこ
とも多いでしょう。その場合，花のつく
りがわかるような写真も，授業では十分
活用できます。仲間分けには，まずは多
くの例に触れることが大切です。インタ
ーネットや視聴覚教材を上手に活用して
いきましょう。

タンポポが合弁花であることを，詳しく観察して確かめよう

所要時間
約30分

■準備物
・タンポポの花

生物の形によって植物を分類するのは，花も重要です。中学校では，合弁花類・離弁花類の分類が出てきます。生徒自身が実際に観察すれば，「タンポポは合弁花」と暗記するだけで終わらず，実感をもって理解できます。

1 タンポポの花を探す

校庭などで咲いているタンポポを探しましょう。セイヨウタンポポやカントウタンポポなど，種類も見分けられると発展的な学びになります。地域により優先的に生えるものが異なったり，また開花時期も違いが見られます。継続観察して年による時期の違いなどを調べるのもよいでしょう。

2 全体を観察する

見つけたタンポポの花をいくつか採集し，教室に持ち帰ります。まずは正面から観察しましょう。ルーペが使いやすいです。次に，右の写真のように，カッターで切り，断面から観察しましょう。

3 1つの花を取り出し, 観察する

ピンセットを用い, 断面から1つずつ花を取り出します。一つひとつの花の観察は, 双眼実体顕微鏡が使いやすいです。これが1つの花であることの説明は, 「これら一つひとつに, 雄しべ, 雌しべ, 花弁, がく, という花のつくり4つすべてがそろっているから」というのが生徒には一番しっくりくるようです。

タンポポの1つの花

タンポポは, 合弁花類の中の「キク科」という植物の仲間です。その名の通りのキクだけでなく, ヒマワリやハルジオンなど, 種類も豊富な仲間です。上から3つ目の写真はセイタカアワダチソウで, パッと見はタンポポと似ていないようですが, ほぐしていくと一番下の写真の白い枠内のように花のかたまりがあり, さらにほぐすと1つの花が見られます。タンポポと大変よく似ていますね。

なお, 現在の植物学の分類は, 遺伝子を解析したものが重視されており, これまでのように花や根・茎・葉などの形態から分類したものとずれている部分もあります。中学では「分類の考え方を学ぶ」ことを大切にし, 分類における形態の違いだけを絶対視しないことも重要です。

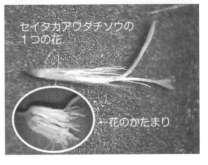

セイタカアワダチソウの1つの花

←花のかたまり

［1年／生命／植物の体の共通点と相違点］

アブラナの仲間の花を
観察してみよう

■準備物
・ブロッコリーの茎やダイコンのヘタ

　花の観察の定番，アブラナ。この仲間のアブラナ科の植物は身近に多くあり，野菜や花壇でも大活躍です。ただ，花を見ないとなかなか気がつきません。花が咲くまで放置し，それから観察してみましょう。

1　野菜のヘタや茎で観察する

　ダイコンのヘタやブロッコリーの茎の部分を水に浸します。気温などにもよりますが，数日で新しい葉が伸び始めるのがわかります。こまめに水替えなどを行い，条件がよいと2〜数週間ほどでとうが立ってきて，つぼみや花が見られます。どの花もアブラナにそっくりです。

2　ガーデニングで観察する

　ベランダなどでのガーデニングでコマツナを育てた方もいるでしょう。

ブロッコリー

コマツナもアブラナ科です。収穫時にすべてを取りきらず，少しだけ残しておきましょう。すると上から2枚目の写真のように花が見られます。パッと見は本当にアブラナと見分けがつかないくらいです。その他の野菜では，キャベツやカブ，ハクサイがアブラナ科です。

ダイコン

3 散歩道で観察する

　葉ボタンも，見頃を過ぎてそのままにしておくととうが立って花が見られ，これはこれできれいです。その他，花は小さいですが，ナズナなども道端で見つけられます。アブラナ科の花は，いずれも雄しべ6本（長4本，短2本），雌しべ1本，がく片と花弁が4つずつです。花弁は十字につき，その様子から昔は十字花科とも呼ばれました。アブラナ科は花で容易に区別できるので，観察に最適です。

コマツナ

葉ボタン

砂や泥の堆積モデル実験をしよう

所要時間
作業約15分
静置約40分

■準備物
・500mL〜1.5L のペットボトル（円筒形のもの）
・校庭や砂場の泥，砂，小石（粒の大きさの異なるもの2種類以上）

　校庭の砂や泥を使って堆積のモデル実験ができます。本物の自然現象としての堆積を見ることは難しいですが，こうした実験により理解を深めることができます。簡単ですが，中学生にも好評な実験です。

1　校庭から粒の大きさの異なる泥，砂，小石を集める

校庭の小石

砂場の砂

　ここでは，校庭の小石と砂場の砂で実験しました。3種類くらいあるとよりわかりやすくなりますが，2種類でもこの写真程度のものはできます。

2　泥，砂，小石と水をペットボトルに入れて蓋をする

　ペットボトルの高さにして2cm程度ずつになる
よう集めたものを入れます。水はペットボトルの
9割分くらい入れるとよいでしょう。

3　よく振り，振動しない机の上に置く

　よく振り，安定した平らな机の上に置きます。
砂などの量が少なければ尖った面，多ければ平ら
な面を下にして置くとよいでしょう。

4　時間経過後，観察する

　振ってすぐは完全ににごっていますが，しばらく静置すると，粒の大きな
砂から先に沈み，泥が上に滞積します。授業時間内（40分程度）でもある程
度堆積がわかりますが，1日静置すると上ずみがほぼ透き通ってきました。

40分程度静置

1日静置

［1年／地球／火山活動と火成岩］

手軽に火山灰を観察しよう

■準備物
・赤玉土（小粒の園芸用土）
・底が丸くなっているボールや蒸発皿

　火山灰の観察。観察はしたいけれど入手に困るという話をよく聞きます。教材会社の観察用の火山灰を買うと手間も予算もかかってしまいますが，数百円で買える赤玉土なら，手軽に観察ができます。

1　赤玉土を器に取る

　赤玉土を器に取ります。欲張ってたくさん入れ過ぎないようにしましょう。洗うのが大変です。各班での観察なら，数cmのサイズの蒸発皿1つに小粒の赤玉土1，2粒で十分です。

2　椀がけで洗う

　1～2cmの深さになるように水を加えます。親指の腹で粒を砕きながらつぶします。そうすると細かい砂粒のような鉱物が出てきます。汚れをこすり落とすように指の腹で粒同士をこすり合わせて洗います。米を研ぐような要領です。汚れた上ずみを捨て，また新しい水を入れて

洗います。左ページの写真は学年全員分をまとめてボールで洗っています。

3　繰り返し洗う

　２の作業を繰り返し，上ずみが赤茶色に濁らなくなるまで行います。右写真の左上が最初の赤玉土，右下へ行くほど洗いが進み水も澄んでいます。赤茶色になる原因の１つは，含まれている鉄分の色です。

4　観察する

　洗いが不十分だと，上から２つ目の写真のように鉱物に赤茶色のものが付着しています。３つ目のように，鉱物の色がわかるまで洗いましょう。

　完全に乾燥させてから観察する方がよく見えますが，水気が残っていても観察は可能です。

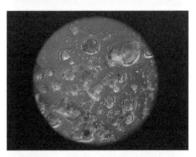

　赤玉土は園芸用土として販売されています。関東ローム層の火山灰土の一種で，赤土を乾燥させて砕いたものです。砕いた大きさにより様々ありますが，この観察では小粒のものが洗いやすく使いやすいでしょう（大粒でも洗えば観察できます）。

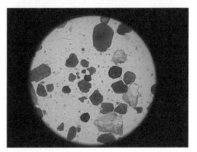

［2年／エネルギー／回路と電流・電圧］

豆電球を家庭用コンセントで点灯させよう

■準備物
・豆電球（2.5V球）33個
・豆電球用ソケット33個
・コンセントプラグ

　乾電池2本で点灯させる豆電球。特別な道具を使わず，100Vのコンセントで点灯させます。回路の学習の導入や，回路の性質の学習後のまとめに見せたい演示実験です。

> ⚠️**注意事項**
> 　100Vを扱います。くれぐれも感電やショートには注意してください。また生徒が真似をして事故を起こすことも考えられるため，そういったことは絶対しないように説明します。

1　豆電球の直列回路をつくる

　豆電球と取りつけたソケット33個をすべて直列につなぎます。先端部分をコンセントプラグにつなげば回路の完成です。乾電池2本（直列3V）用の2.5V球なら33個で大丈夫ですが，もし違う電圧用のものならば，合計で100Vになるように直列につなげれば使うことができます。

2　コンセントにつなぐ

　回路をコンセントに接続します。つなぐ前にテスターなどでショート（短

絡）していないことを確認しましょう。

3　豆電球１個あたりに加わる電圧を調べる

　豆電球１個あたりに加わっている電圧を調べてみましょう。通常の実験で使っている電流計は直流用なので使えません。交流電圧計，またはテスターの交流電圧計測レンジを用います。上の写真では100Vのコンセントで直列33個の豆電球を点灯させました。直列回路で同じ負荷がつながっている場合には，均等に電圧が分散されます。全体で約100Vなので，１つあたり約３Ｖの電圧がかかる計算になりますが，実測ではある豆電球には2.8Vの電圧が加わっていました。また直列回路なので１か所でも切れてしまえば全部の豆電球が消灯します。このことを利用して，点灯している状態から豆電球１個を緩めて消灯するのを見せるのも印象的です。

　なお，実験に自信がなければ，私のホームページで紹介している実験動画をご活用ください。

[2年／エネルギー／静電気と電流]

静電気でビーズの動きを操ろう

■準備物
- 1L以上の円筒形ペットボトル
- 1mmくらいの発泡スチロール球
- 塩化ビニルやアクリルのパイプ，ストロー

　静電気を使って宙をただよう風船や紐を自在に動かすシーンを見たことがある方も多いでしょう。教科書にもストローを用いた実験が出ています。しかし，これらの静電気の実験は，そのときの湿度や物体の表面の状態などの微妙な条件により，うまくいったりいかなかったりします。そこで，ものさえあれば簡単に，ほぼ確実にできる静電気の実験を紹介します。

1　ペットボトルの中に発泡スチロール球を入れる

　よく乾燥しているペットボトルの中に発泡スチロール球を入れます。写真のように1mmくらいのサイズがよいでしょう。もう少し小さくても大丈夫です。紙を斜めに丸めて漏斗のようにして入れると入れやすいです。入れる量は適当な量で大丈夫ですが，下の写真くらいが見やすいでしょう。

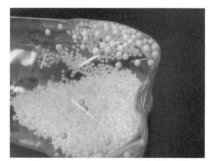

2 ペットボトルを振り，外から指を近づける

1のペットボトルを振ります。そうすると，発泡スチロール球同士がこすれ合うため，反発した状態でペットボトルの内側に吸いつきます（左ページ右側の写真）。そして，ペットボトルの外側から指を近づけたり，ティッシュなどでこすって静電気を起こしておいた塩化ビニル棒やアクリルのパイプ，それをこすったティッシュなどを近づけると，おもしろいように中で発泡スチロール球が動きます。そのときの帯電の状態により，発泡スチロール球が寄ってくる場合，逃げる場合，どちらもあります。その様子を観ながら，「発泡スチロール球同士や指，棒は同じ極，違う極，どちらに帯電しているだろうか？」などの発問をするとよいでしょう。

冬場などの静電気が起きやすい環境では，右上写真のように台所でお米の計量カップと米粒でも同様の現象が観察できます。また，無色透明に近いゴム風船の中に発泡スチロール球を入れても，右下写真のように同じような現象が観察できます。時折，100円均一ショップでも売っていることがあります。膨らませてから指を近づけると，逃げる様子が観察できました。

他にも，ラベルシールから剥離紙を取るときやポリ袋を広げるときなど，日常生活の中にも静電気と関わりのある場面が見られます。「次の時間までに静電気を感じる場面を見つけてみよう」などと発問し，身の回りを注意深く観察することを促すのも大切です。

[2年／エネルギー／電流がつくる磁界]

手かざしすると
電球の光がゆらめくのはなぜ!?

■準備物
・エジソン電球（インテリア照明）
・電球用ソケット

　光っている電球に手をかざすと，ガラスの中のフィラメントがゆらめき始めた。そんなマジックをしてみましょう。タネもしかけも，電流と磁界の単元の学習内容とバッチリ合致しています。

1　エジソン電球に磁石を近づける

　エジソン電球は，その名の通りエジソンがカーボンをフィラメントにしてつくった電球のレプリカ版です。点灯させると，昔懐かしい感じで点灯します。

　そこに右の写真のように磁石を近づけると，中のフィラメントがぶるぶると震え出します。磁石を手でうまく隠してやれば，まるで手かざしでフィラメントがゆらめくように見せることができます。

　動いている様子は私のホームページでも動画を公開しています。

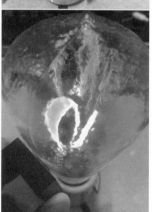

なおこのエジソン電球は1000円〜千数百円程度で販売しており，ナリカ等の理科機器メーカーでも取り扱っています。

2　なぜ動くのか考える

　なぜ磁石を近づけるとゆらめくのでしょうか。

　コンセントの交流により＋と−が入れ替わること，それに合わせて電流による磁界の向きが入れ替わること，そして，それが外からの磁界に反発することをうまく利用しています。この単元のはじめに導入として見せ，まとめで見せて考えさせるのもよいでしょう。

　定期テストの問題としての出題も考えられます。写真で動いている様子を見せ，「なぜ中のフィラメントが動くのか」と問います。選択肢にすれば知識問題，理由を文章で答えさせれば思考問題となります。テストの返却時に解説として実物を見せるのもよいでしょう。

　この原理を利用したランプ（バイブラランプ）もあります。電流と磁界の利用の実例として，生徒にぜひ見せたいものです。

[2年／エネルギー／電流がつくる磁界]

針金入りビニールタイを使って，磁界を可視化しよう

■準備物
・針金入りビニールタイ
・磁石
・電磁石

　目に見えないものは学習が進みにくく，磁力もその1つです。概念だけではイメージがわきにくいのが一因でしょう。そこで，簡単に，そして砂鉄等と比べて片づけも楽にできる可視化実験を紹介します。

1　ビニールタイを細かく切る

　針金入りのビニールタイを1.5cmほどの長さで細かく切ります。「ねじりっこ」などの商品名でご存じの方も多いでしょう。針金が使われていないものもあるので，用意するときには注意をしてください。色はお好みですが，様々な色が混じった方が見栄えがよいようです。演示等で見せるなら，余裕をもって数m分以上切っておくとよいでしょう。

2　永久磁石に直接つける

　磁石に直接つけてみましょう。細かく切ったビニールタイの中に磁石をまるごとドボンと入れると，磁石全体の磁力線の様子がわかります。

右上の写真は，Ｕ字型磁石です。磁力線の様子がはっきりわかります。磁極以外の部分にはほとんどつきません。生徒はビニールタイがついたところばかりに目が行きがちですが，どこにつかなかったかもしっかり観察するように促しましょう。右下の写真はどのような形の磁石でしょうか。これは，表裏が磁極になっている丸型磁石です。この他にも，その後の授業の流れを考えると，電磁石と似た形状でもある棒磁石でやってみせるとよいでしょう。

　この実験を電磁石でもやってみます。巻き数や電流が少ないので，つく量が少なめでしたが，左下のようにつきました。「磁力線」というにはやや少なかったです。また，この実験は右下のようにビニールタイの代わりにゼムクリップを使うことも可能です。ビニールタイを用意するのが難しいときには代わりにやってみてください。

[2年／エネルギー／電磁誘導と発電]

模型用モーターで発電しよう

■準備物
・模型用モーター
・豆電球（電池１本用の1.5V球）
・30cmくらいのひも（たこ糸）

　電磁誘導では，モーターを逆に回すと発電機になる，と学習します。ただ，手回し発電機では，本当にモーターが発電している実感をもちにくいようです。ここでは，模型用モーターをそのまま使って，簡単に発電できることを確かめてみましょう。

> ⚠️注意事項
>
> 　ひもを思いっきり引っ張るときには，手を机などにぶつけないように気をつけましょう。

1　模型用モーターと豆電球をつないで回路をつくる

　豆電球とモーターをそのままつなぎます。極性はどのようにつないでもかまいません。豆電球は，乾電池１本分用の1.5V球が点灯したことがわかりやすいです。よく理科室で見かける乾電池２本分用の2.5V球でもできますが，やや光を確認しにくくなります。

2 モーターの軸にひもを巻きつける

　こまにひもを巻きつけるように，モーターの軸にひもを巻きつけます。ひもが軸から滑ってしまわないよう，少しきつめに巻きつけます。巻き終えたらひもを一気に引っ張りましょう。モーターの軸を勢いよく回すと，豆電球が点灯します。引っ張るときにひもに力を加えやすいよう，軽く指に巻きつけて引くとやりやすいでしょう。

　モーターの中を見てみると，左下写真のようにコイルと磁石が見られます。手でコイルを回すことで磁界の変化を連続的に起こしているのです。また非常用懐中電灯の中には，右下写真のように手の力で円形の磁石を回し，コイルのまわりの磁界を変化させるものもあります。身近な道具にも電磁誘導を利用したものがたくさんあることを，ぜひ生徒にも紹介したいものです。

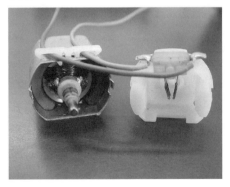 

ワイヤレス LED を点灯させよう

■準備物
- ワイヤレス LED 給電ユニット
- 電源（9 V 電池など）
- ワイヤレス LED
- 電流計

　コイルに棒磁石を出し入れすると検流計の針が振れますが，各班でもできるこんな電磁誘導の実験があります。ワイヤレス LED 給電ユニット（以下，ユニット）とワイヤレス LED さえ入手できれば簡単にでき，生徒の反応もとてもよい実験です。

1　回路をつくる

　ユニットと電源さえあれば最低限の回路は完成です。電源は 5 〜 9 V です。電源装置でもよいですが，006P（9 V 積層角形電池）とその電池ボックス等を使うと取り扱いも楽です。写真のように電流計をつなげて電流を流したところ，76mA を示しました。コイル内に何も負荷を

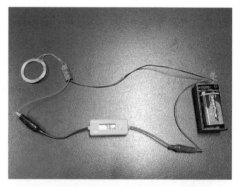

置いていない状態でも待機電流が流れていることは意識しておくとよいでしょう。3 年のエネルギーの学習や環境単元の学習にもつなげられます。なお，電池の消耗具合やユニットを置いている机の状態（金属の有無など）などによって，電流値はかなり変動することに留意しましょう。

2　手巻きコイルで点灯させる

　50回ほど丸鉛筆でエナメル線を巻き，通常の LED をつなぎます。そうすると，右の写真のように点灯しました。ユニットのコイルには6KHz の交流が流れています。生徒には以下のように説明しました。

　「コイルのまわりで永久磁石を動かして磁界を変化させると，誘導電流が流れたね。永久磁石の代わりに電磁石で磁界をつくって変化させても，コイルに誘導電流が流れます。電磁石の磁界を変化させることは，電磁石自体を動かさなくてもできます。交流を流すのです。すると交流の周波数の分だけ磁界の向きを変えられます。それをこのユニットがやっているのです」

3　ワイヤレス LED を点灯させる

　ワイヤレス LED は，コイルとチップ型 LED が5mm四方にまとまったもので，ユニットのコイル部に置くだけで点灯します。待機時76mA でしたが，1つワイヤレス LED を置くと81mA，3つでは92mA まで増加しました。これも3年のエネルギーの変換や効率の学習につなげることを意識して観ておくとよいでしょう。

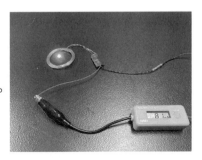

ユニットは「OSWPTS1208D」などの型番で検索すると通販しているサイトが複数出てきます。LED も同じお店で扱っています。中でも秋月電子通商（https://akizukidenshi.com/）が安価に数百円程度で入手できます。

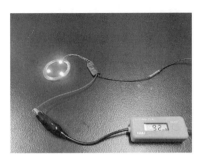

[2年／粒子／物質の分解]

乾湿てるてる坊主をつくろう

■準備物
・さらし布　　・塩化コバルト
・脱脂綿　　　・糸

　化学変化の単元で水の検出に用いる塩化コバルト紙。リトマス紙などに比べると出番も少なく，生徒の印象にも残りにくいものです。そこで，湿度によって色の変わるてるてる坊主に応用してみました。

⚠ **注意事項**

　塩化コバルトは毒性があるため，絶対に口に入れないよう注意しましょう。また使用後は必ず手を洗いましょう。

1　さらし布を塩化コバルトで染める

　25％くらいの濃い塩化コバルト溶液をつくります。その中にさらしの布を浸します。軽くしぼったら干して乾かしましょう。そうすると，塩化コバルトで染まった布ができます。塩化コバルトは染料ではないため，水洗いすると落ちてしまうので注意します。なお写真のてるてる坊主は，12×12㎝程度のさらし布でつくりました。

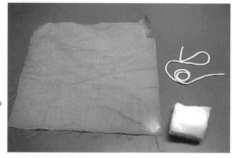

2 てるてる坊主をつくる

　脱脂綿を適当なサイズに丸めて，てるてる坊主の頭にします。1の布で脱脂綿の頭をくるみ，ひもでしばります。これで完成です。

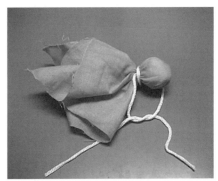

3 室内につるし，観察する

　室内の目立つところにつるしてみてください。湿度が低いときは青く，高いときは赤くなります。冬場は青いことが多く，夏場は赤っぽいことが多いです。理科室につるしておくと折に触れて話のネタになります。

　塩化コバルト紙は，この工作で使った塩化コバルトをろ紙に染みこませたものです。また乾燥剤として使われているシリカゲルにこの塩化コバルトを混ぜ，乾燥しているか湿っているか目安にしているものも見かけます。

　塩化コバルト紙は，しばらく放置しておくと，空気中の水蒸気で変色し，薄ピンクのような色になってしまいます。そんなときは，三角コーナーのネットなどに塩化コバルト紙をバサッと入れ，ドライヤーの熱風で一気に乾燥させます。見る間に真っ青に戻っていく様子が見ものです。この様子を生徒に見せると，大抵歓声が上がります。はじめから使える状態の塩化コバルト紙を配るより，乾燥させるこの変化を見せた方が印象に残るようです。

［2年／粒子／化学変化における酸化と還元］

使い捨てカイロを使って，酸化を可視化しよう

■準備物
・使い捨てカイロ
・電子天びん（できるだけ精度の高いもの）

「粒子概念が大切」といっても，目に見えないと生徒は実感がわきにくいものです。そこで，精密な電子天びんを使って変化が数字として目に見えるようになり，粒子の実感がわいてくる実験を紹介します。

1　使い捨てカイロを反応させる

まずは0.1mg単位まで測定できる電子天秤（OHAUSのPX224）で測定しました。1分弱の時間で14.7190g から14.7220g まで3mg増加しました。数字がテンポよく増えていく様子が確認できます。カイロは，古くなっていたミニサイズの貼りつけタイプのものを使用しました。普通サイズの新しいカイロなら，もっと化合する酸素の量も多いはずです。

では，中学校の理科室でもよく見かける0.1g 単位までの電子天びんではどうでしょうか。こちらも貼るタイプのカイロを使いました。開封後すぐは36.6g でした。

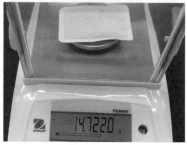

その後は次の写真のように変化しました。

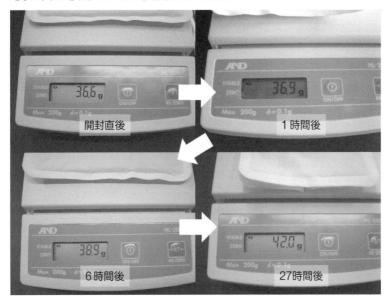

開封直後 36.6g	1時間後 36.9g
6時間後 38.9g	27時間後 42.0g

袋の中身を見てみました。右写真の左が使用前，右が使用後です。色の様子から，変化が起きたことがわかります。

2　粒子を計算する

0.1mg増えると何分子の酸素分子が鉄と化合したのか，概算で計算してみます。酸素分子の分子量を30，アボガドロ数を 6×10^{23} とします。「酸素分子が30gあると分子は 6×10^{23} 個あるんだよ」程度に説明しておきます。

→30gは30000mg。100000分の1にして，0.3mgでは 6×10^{18} 個。

→0.1mgでは 2×10^{18} 個。

→兆の単位が 10^{12} 個，京が 10^{16} 個なので，0.1mgで200京個。

「0.1mg増えたときには，目には見えないけれど，200京個の酸素分子がカイロの鉄と化合していることになるね」

酸化鉄の還元を観察しよう

所要時間
約30分

■準備物

- ・酸化鉄（Ⅲ）Fe_2O_3
- ・防炎クロス，耐熱版等
- ・スタンドや三脚
- ・アルミニウム粉末
- ・ステンレスバット
- ・500mL 以上のビーカーや2L ペットボトル
- ・Mg リボン
- ・ハンドバーナー

　酸化銅の還元は教科書等でも扱われます。では，酸化鉄は還元できるでしょうか。そこで，演示実験として，理科室机上で酸化鉄の還元をしてみましょう。

⚠️注意事項

　激しく火花が散ります。安全眼鏡を着用し，点火後は十分に距離を取り，やけどや引火にくれぐれも注意してください。反応が止まってしまい点火が失敗したと思っても，しばらくは絶対近づかないでください。

1　粉末を混ぜ，机上の準備をする

　乳鉢を使って酸化鉄2.5gとアルミニウム粉末1gを色が均一になるまでよく混ぜます。机の上は耐熱板（石膏ボードなど）を敷きます。何枚か並べ，80㎝四方以上あるとよいでしょう。その下に防炎クロスを敷いてあると，よりよいです。

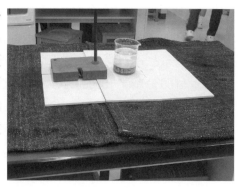

2 道具をセットし, 点火する

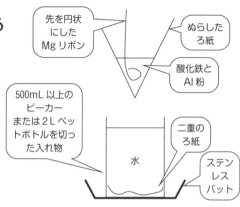

先を円状
にした
Mg リボン

ぬらした
ろ紙

酸化鉄と
Al 粉

500mL 以上の
ビーカー
または 2 L ペッ
トボトルを切っ
た入れ物

二重の
ろ紙

水

ステン
レス
バット

濡らしたろ紙を円錐状にしてスタンドにセットします。漏斗用の丸い鉄製スタンドの枠や三脚＋三角架を用います。ろ紙の位置は下の入れ物の真上です。1で混ぜた粉末をろ紙に全量入れます。10cmほどの長さの Mg リボンの先を丸め, 粉末の中に埋め, リボンを立たせて導火線とします。反応を受け止める容器は融けた鉄粉がこびりつき, 割れたりするので数回で処分します。水を8分目まで入れ, 中には二重にろ紙を敷きます。写真には写っていませんが, 入れ物が割れても大丈夫なようにステンレスバットを敷きましょう。

3 点火する

立っている Mg リボンにハンドバーナーで点火します。反応が始まれば右写真のように火花を上げて激しく反応し, 融けた鉄が下に落ちて反応が終了します。完全に火が消え冷めたら水の中から塊を取りだし, 磁石にくっつき鉄であることを確認しましょう。

[2年／生命／生物と細胞]

野菜と食塩を使って，細胞膜の働きを確かめよう

■準備物
・ニンジンやキュウリなどの野菜
・食塩

タマネギやオオカナダモ，ヒトの頬の内側の細胞などを顕微鏡で観察します。その働きについて，呼吸や光合成を調べる実験はありますが，他にも細胞膜のはたらきを簡単に調べる実験を紹介します。

⚠️**注意事項**

実験に使った材料は口にしないようにしましょう。

1　ニンジンやキュウリを切ってくりぬき，食塩を詰める

ニンジンやキュウリを立てられるように長さ4～5cmくらいに切ります。切ったら一部くり抜き，食塩を詰めます。くり抜いた穴にめいっぱい詰める

のではなく，穴の深さの半分くらいにしておきます（その方が，後で水が出てきたことがわかりやすくなります）。

2 30分以上待って観察する

　食塩を詰めた後，1時間程度で上の写真のように水が出てきました。30分以上置けば，水が出てきたことがわかるでしょう。

　この水は，細胞の中にあった水です。では，なぜ水が細胞から外へ出てきたのでしょうか。細胞のまわりに食塩などが多量にあると，中の水分が吸い取られてしまいます。細胞の中と外で物質の濃度を同じにしようとする働き（浸透圧）により，外へ水が出るためです。キャベツなどを塩もみするとしんなりするのは，この実験と同じ原理です。真水につけるとパリッとするのは，細胞内の塩分濃度を外と同じにしようとして，逆に水が細胞内に取り込まれるからです。

　ここで1つ疑問がわいてきます。水は細胞に出入りできるのに，食塩は細胞の中に出入りすることができないのでしょうか。それがまさに細胞膜の働きなのです。生徒は，細胞膜はポリ袋のように何も通さない膜だと思っていることがあります。しかし，細胞膜は水などの必要なものは出入りできるけれど，不要な食塩などは通さない，特別な膜になっています。詳しくは，高校の生物での，浸透圧や半透膜といった学習につながります。

[2年／生命／生命を維持する働き]

だ液による消化の働き実験を
工夫しよう

■準備物
- ・オブラート
- ・ヨウ素液
- ・小さめのポリ袋
- ・ジアスターゼ酵素の含まれる消化薬

　だ液による消化の働きの実験。だ液を使うとあって，班で行うには抵抗感が高い実験です。生徒1人でもできる個別実験にして抵抗感を減らすなど，スムーズに実験ができる工夫をしてみましょう。

> ⚠️**注意事項**
> 　実験に使うオブラートや消化薬は，決して口に入れないようにしてください。

1 ポリ袋とストローで個別実験する

　右の写真のような道具を準備すれば，教室でも実験ができます。次ページ上の写真左のように小さくカットしたオブラートを，小さなポリ袋2つにそれぞれ入れます。片方のポリ袋にはスポイトで水を2～3滴，もう片方にはストローを使ってだ液を同量程度入れます。両方の袋 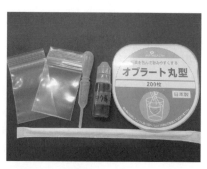 を手で軽く挟んで5分温め，その後にヨウ素液を1滴垂らします。そうすると次ページ上の写真右のようになります。水ではオブラートの形がはっきり

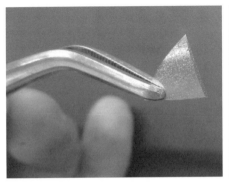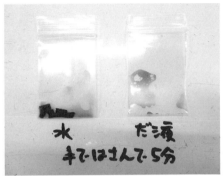

残っていて，青紫色に染まっています。だ液の方は形はわからず，ヨウ素液の茶色しか見られません。

　オブラートが1cm角程度の大きさになってしまうと，5分では分解しきれないときがあったので，サイズは小さめにするとよいでしょう。また，手が冷たいと分解しきれないときもありました。うまく分解できなかったときのフォロー（原因を考えさせる，解説する）を考えておくとよいでしょう。

　この実験では，デンプンが麦芽糖などになることの確認はできません。ベネジクト液を使う別の実験と組み合わせて用いるとよいでしょう。

2　消化薬を使って実験する

　だ液を使いたくないという場合には，消化薬を使う方法があります。ジアスターゼ酵素の含まれる消化薬を乳鉢で細かくし，0.5%程度の液をつくります。完全には溶けず懸濁液になります。あとはだ液の代わりにこの液を使って教科書通りの実験が可能です。なお，だ液ではほとんど分解が見られない10℃や90℃といった温度でも，糖の反応が見られる程度に分解が進みます。この条件では注意が必要です。

　ここで紹介した実験は，当初はコロナ禍対応で班実験ができない，だ液を使えないなどのために工夫した実験です。しかし平常時でも，スムーズな実験導入に十分活用できると思います。

[2年／生命／生命を維持する働き]

パルスオキシメーターで，
酸素を運ぶ働きを調べよう

■準備物
・パルスオキシメーター

動物単元の観察・実験は種類や内容が多くなく，「体内で変化が起きている」実感ももたせにくいものです。そこで，コロナ禍で普及したパルスオキシメーターを活用し，呼吸により酸素が身体に取り込まれるのを実感する実験を紹介します。

パルスオキシメーターは，皮膚を通して動脈血酸素飽和度（SpO_2）と脈拍数を測定する器具です。指に挟み，照射される赤い光を用いて測定しています。普及機は数千円で購入できます。ここでは，歯愛メディカルの「パルスフロー」を使いました。

> ## ⚠注意事項
> 長時間呼吸を止め過ぎないように気をつけましょう。呼吸器系の疾患等がある場合はこの実験は行わないでください。

1　パルスオキシメーターを指先に装着する

パルスオキシメーターを手の指先に挟み，装着します。次ページの写真のパルスオキシメーターにも，指が挟まっています。

2　測定開始する

　呼吸を止め，タイマーを用いてカウントアップします。最初は上の写真のようにSpO$_2$も99%ありました。呼吸を止めたまま数十秒が経つと息苦しさを感じます。そのときのSpO$_2$は93%でした。

　私のホームページで動画も公開しているので，経過はそちらをご覧ください。

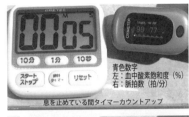

息を止めている間タイマーカウントアップ

青色数字
左：血中酸素飽和度（%）
右：脈拍数（拍/分）

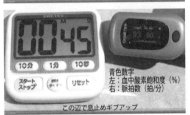

この辺で息止めギブアップ

青色数字
左：血中酸素飽和度（%）
右：脈拍数（拍/分）

■測定例（動画撮影時のデータ）

時間（秒）	SpO$_2$（%）	備考
0秒	99	呼吸止め（息止め）開始した
33秒	94	息苦しさを感じ始めた
45秒	91	息止めの限界，呼吸再開した
以下，呼吸再開後の値		
24秒後	85	呼吸再開後24秒までSpO$_2$が下がり続けた
29秒後	94	呼吸再開後29秒で上昇に転じた

　他に調べられることはないかやってみましたが，今のところはっきりした結果が出ていません。例えば足指では肺から手指より遠い分だけ飽和度が下がると予想しましたが，ほとんど違いは見られませんでした。また，手指にパルスオキシメーターをつけたまま止血点で血流を抑えてみました。徐々に飽和度が下がるかと考えましたが，脈拍が取れなくなったためパルスオキシメーター自体が測定エラーを起こしてしまいました。エラー直前にはほんの少し飽和度が下がったような傾向もありましたが，はっきりしません。

［2年／生命／刺激と反応］

光で動物の動きを操ろう

■準備物
・ヤゴやアルテミアの卵
・汲み置きの水

　動物の刺激への反応の実験と言えば，メダカの泳ぐ実験以外はあまり見かけません。それ以外に理科室でできる実験はあまり多くはありませんが，ヤゴやアルテミアを使った実験を紹介します。

> ⚠注意事項
> 　ヤゴを採集するときは安全に注意しましょう。また，実験で生き物を無用に傷めたりしないようにしましょう。

1　通常時のヤゴの様子を観察する

　まずは通常のヤゴの様子を観察します。ビーカーなど中の様子が観察できる入れ物に汲み置きの水を入れ，その中にヤゴを入れます。足を下，背中を上にしていることを確認します。ここで生徒に発問しておきます。「どのヤゴも背を上にしていますね。では，ヤゴはどうやって上下を区別しているのでしょうか」

2　部屋を暗くして下から光を当てる

　暗幕などを利用して部屋全体を暗くします。そして入れ物に下から光を当てます。右の１つ目の写真のようにスタンドを使ったり，２つ目のように蛍光灯式顕微鏡光源を使うのもよいでしょう。

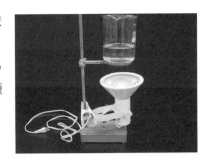

3　観察する

　下から光を当てている状態でヤゴを見ると，３つ目の写真のように，ひっくり返った状態になります。ここで改めて発問します。

　「ヤゴは何に反応したのでしょうか」

　ヤゴは光に対して背を向ける行動をします。このように，外界からの刺激に対して動くことを走性(そうせい)といいます。その他，動物の行動には，反射や本能行動などがあります。

　ヤゴが手に入らないときには，アルテミア（ブラインシュリンプ）を使うこともできます。熱帯魚などのエサとして卵の状態で販売されています。卵がふ化して泳げるようになると，暗い部屋で懐中電灯を当てたら集まってきます。１cm程度まで育てると，腹を上にして泳いでいる様子がわかりますが，ヤゴと同じように光によって逆さ向きになります。

歩いていた人が突然消える!?

所要時間

約20分

■準備物
・個別実験用の図

感覚器官の学習で見かける盲点の実験。教室全体で人が消えるマジックに
アレンジできます。生徒をひきつける導入に最適です。見方を知っていた方
がわかりやすいので，個別実験を先にやってから行うとよいでしょう。

①個別実験（下の図を印刷して配り，各自手元で実験します）

1　右目で見る

左目をつぶり，20〜30cm程度の距離で図の左側の○を右目の中心で見ます。

○

2　遠ざけていくと消える

視線をずらさず○を見続けたまま徐々に遠ざけて行くと，あるところで×
印全体や★が消えて見えます。
反対側の目で行うときは，図のパターンを左右逆にして行います。

②教室全体（個別実験を大きくして教室全体で行います）

1　黒板の左端に白い円を描く

　黒板の左側に数cmの白い円をかいておきます。生徒は黒板の白い円の真後ろの数m離れたところで左目をつぶって白い円を見ます。場所の関係で一度に数名くらいがよいでしょう。視線を動かさないのがコツです。

2　教員が向かって右へ歩く

　生徒が白い円を見続けている間に，教員は向かって右側にゆっくり歩いて行きます。すると，右の2つ目の写真のように，あるところでふっと教員が消えます。さらに歩いて行くと，3つ目の写真のように，また教員が現れます。

　目の内側の網膜にある視細胞は，映った外界の像を信号に変えて視神経がその信号を脳に伝えます。ところが視神経と目がつながっている部分には視細胞がありません（盲点）。そのため，盲点に映った像は見えていません。普段そのことに気がつかないのは，両目でものを見ていること，多少の失われた情報は脳が補完することの2つが原因です。

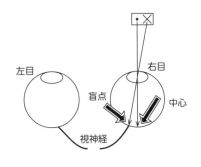

逆さコップの水が
こぼれないのはなぜ!?

所要時間
約20分

■準備物
- ・プラコップ
- ・発泡スチロール用の接着剤
- ・クリアファイル（蓋用）
- ・台所用水切りネット

大気圧の実験で，コップと水を使って科学マジックを行ってみましょう。「不思議！」と思わせ，学習意欲を引き立てます。単元導入にもおすすめの実験です。

1　コップにネットを貼りつける

プラコップの縁に，すき間なく，やや多めに接着剤をつけます。筒状の水切りネットを切り開いて1枚にしたものをコップにかぶせ，乾くまで輪ゴムで留めます。このとき，ネットの上を指でなぞり，接着剤とうまく馴染ませるのがコツです。10分以上放置し，接着できたら，縁から数mmは余白を残して余分な部分をはさみで切り取ります。ギリギリまで切ると剥がれやすいので注意します。なお，しかけが見えていてもよければ，接着剤なしで輪ゴムだけでも実験は可能です。

2 水を入れて逆さにする

　ネットがあることに気づかれないようにして，コップに水を入れます（前ページ3つ目の写真）。クリアファイルなどを切ってつくった蓋を載せ，逆さにします。そして，手を放してみると，蓋はコップについたままで，水もこぼれません。ここまでは事前に生徒も知っていることが多いのですが，さらに蓋を横向きにずらして取っても，水がこぼれません（右写真）。ここで「おおっ！」と歓声が上がります。

3 斜めにすると水がこぼれる

　2に続けて斜めにすると，水がこぼれ（右写真），また歓声が上がります。

　なぜこうしたことができたのか，生徒と一緒に考えます。「ネットがあったか

ら」「空気の力（大気圧）」という声はすぐ出ます。でもそれだけでは浅いので，「ネットがあっても，ネットは水を通すよね？」「斜めにしたら大気圧は働かなくなるの？」などと問い返しの発問を投げかけてみましょう。

　おおまかな説明としては，大気圧によって水の底面全体が支えられていること，そしてネットのすき間の間を支えるのは水の表面張力であることを伝えます。表面張力については，「液体の粒同士がくっつこうとする力」と言うとよいでしょう。こうした科学マジックは，生徒に強く興味をもたせられるメリットがあり，意欲的になったときの学習効果は非常に高いです。しかし，ただの見せ物で終わってしまってはもったいないので，ぜひ学習内容へのうまいつなげ方を考えてみてください。

［2年／地球／気象要素］

大気圧を体感しよう

■準備物
- ・空き缶
- ・ゴム板（30cm四方，厚さ3mm程度）
- ・トランプ
- ・粘土
- ・金具とボルト，ナット

　大気圧については，知識としては知っていても，なかなか実感する機会はありません。そこで，各班でもできる実験で生徒に大気圧を実感させてみましょう。

⚠️ **注意事項**

　缶は熱いうちに蓋をする必要があります。軍手等を適切に使い，やけどには十分注意しましょう。持ち上げる実験で生徒机や理科室のいすなどを持ち上げるときには，落下も想定して実験してください。

1　大気圧で空き缶をつぶす

　空き缶に，1〜2cmの高さになるように水を入れ，ガスバーナーやカセットコンロ等で加熱します。沸騰して口の部分から湯気が見えるようになったら火を消します。その後，できるだけ早く蓋をします。軍手等を用い，十分やけどには注意しましょう。写真のような空き缶の場合には粘土等で蓋をするとよいでしょう。ボトル缶だときっちり蓋ができるので便利です。冷えてきて，缶内の

水蒸気が水に戻ると「バキバキバキッ」と派手な音を立てて缶がつぶれていきます。自然冷却だと数分以上時間がかかる場合が多いので，たらいに汲んだ水や流しで流水をかけて冷やすと時間を短縮できます。定番の実験ですが，実際に生徒自身が体験し，何が起きたか順を追って考える経験はとても大切です。

2　大気圧でものを持ち上げる

30cm四方，3mmくらいの厚さのゴム板にボルトやナットを用いて取っ手の金具をつけます。裏側はできるだけ出っ張らないようにし，ビニールテープで空気が漏れないようにしておきます。そうしたゴム板を平らな机などの上に置きます。水平方向にはゴム板がスルスルと動きますが，上に持ち上げようとするとくっついて動きません。ところがゴム板の角を少しでも持ち上げると先ほどまでがうそのように簡単に外れてしまいます。また，くっついた状態で力を入れると，生徒机程度なら持ち上げられます。ゴム板の用意が難しいときには，トランプにセロハンテープで「⊥」状の取っ手をつけると，CDケースくらいは持ち上げられます。説明時には，大気圧と吸盤を例に出すと生徒も理解しやすくなります。

[2年／地球／霧や雲の発生]

真空保存容器で圧力を変え，温度変化を観察しよう

■準備物
・デジタル温度計やシールタイプの液晶温度計
・真空保存容器
・気圧センサー内蔵のスマートフォン

　雲のでき方の学習では，注射器等を用いて減圧することが多いのですが，それよりも大型でわかりやすく，かつ入手しやすい真空保存容器を使って実験を行ってみましょう。

⚠️注意事項
　生徒ががむしゃらにポンプを動かすと，破損してしまうことがあります。加減を考えるように事前に伝えましょう。

1　道具を準備する

　温度計はシールタイプの液晶温度計やセンサー部がむき出しのデジタル温度計（MOTHER TOOL CO.,LTD MT-144など）がよいです。アルコール温度計やセンサー部が金属カバーつきのデジタル温度計は温度変化がわずかだったり反応が遅かったりで不向きです。

　真空保存容器も様々なものがあり

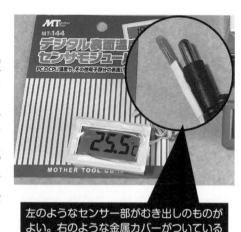

左のようなセンサー部がむき出しのものがよい。右のような金属カバーがついているものは温度変化が見えにくい。

ますが，大きくてコスパがよいのが，真空密閉でパンの乾燥を防ぎ，鮮度を長く保つための真空ポンプつき容器です。

　気圧を見たければ，気圧センサーを内蔵しているスマホを使います。気圧センサーで気圧を表示できるアプリを立ち上げておきましょう。なお GPS 情報からその地点の気圧情報をネット経由で取得，表示してしまうアプリは使えません。

2　圧力を変え，温度変化を調べる

　真空保存容器に温度計とスマホなどを入れます。スマホ本体も発熱しているので，温度計のセンサー部に触れないように気をつけましょう。

　空気を抜いていきます。右の写真のように，1000hPa ほどで24.2℃スタートで減圧すると，500hPa になるころには19.9℃まで温度が下がりました。変化は一瞬です。「空気が上昇して気圧が下がると，この温度変化が起こる」ことをしっかり確認します。

　続いて，空気を入れて元に戻します。減圧よりも一気に気圧変化させられるため，瞬間的に1000hPa ほどに戻り，28.4℃になりました。

　いずれも温度はすぐに元に戻るので，見逃さないように注意が必要です。

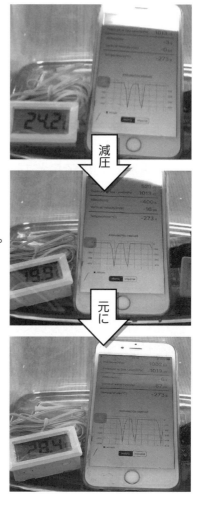

［3年／エネルギー／仕事とエネルギー］

LEDやスピーカーで発電してみよう

■準備物
・LED（高輝度透明タイプ，赤）
・電子メロディー
・電圧計

LEDと言えば光るもの。しかし，逆に光を当てると発電します。エネルギー変換の学習にもおすすめです。簡単なのでぜひやってみてください。

> ⚠️**注意事項**
> 太陽光を虫眼鏡で集光するときには，やけどや機器破損等に十分注意しましょう。

1 LEDに光を当てて発電する

LEDと電子メロディーをつなぎ，光を当てます。十分に光が当たると電子メロディーから音が聞こえ，発電していることが確認できます。この実験をうまく行うにはコツがいくつかあります。使うLEDは，高輝度透明タイ

プの赤色のものがよいです。また，電圧
計で測定したところ，直径の大きな
LED が一番効率よくできました。他の
ものでも発電はしますが，電子メロディ
ーを鳴らすのは難しいです。光も，通常
の懐中電灯だと弱い場合が多いです。一
番よかったのは，晴れた日の太陽光です。

中でも右の写真のように虫眼鏡で集光すると，最大で１V 程度まで発電が確
認できました。人工的な光源では，（モバイルタイプでなく通常の）明るい
プロジェクターの光が照度が強く，電子メロディーを簡単に鳴らすことがで
きました。白い画面を出力させ，プロジェクターのレンズに LED が真正面
から向くようにする（光軸をずらさない）のが大切です。

2　スピーカーを叩いて発電する

　電子メロディーに使われている圧電スピーカー。圧電スピーカーに LED
をつなぎ，盤面を叩くと LED が点灯します。

　圧電スピーカーは，セラミックスなどの材料に電圧を加えると振動が生じ
る（ピエゾ効果）ことを利用して音を鳴らしています。逆に，叩いて振動さ
せると電圧が生じます。こうした性質をもった物質を「圧電物質」といい，
この性質を利用したのが電子ライターなどに使われている圧電素子です。

［3年／粒子／酸・アルカリ］

カレー粉でアルカリを調べよう

■準備物
・カレー粉

酸・アルカリを調べるものと言えばリトマス紙やBTB液です。身近なものでは紫キャベツ液なども有名ですがカレー粉でもアルカリを調べることができます。

> ⚠️注意事項
> 火を使うときにはやけどに注意をしましょう。

1　カレー粉でろ紙を染め，干して乾かす

カレー粉小さじ1杯分程度と，適当な大きさに切ったろ紙を小さな鍋などに入れ，ひたひたになるより心持ち多めの水を加えます。あとは弱火にして

5分程度煮ます。火から下ろしたら，自然に冷めるのを待ちましょう。理科室にあるろ紙でなくても，白いコーヒーフィルターでも代用可能です。

　ろ紙が染まったら，干して乾かします。

2　アルカリを調べる

　でき上がったカレー粉の試験紙に，重曹を水に溶いたものなどのアルカリ性のものをつけてみると，赤く色が変化します。右の写真はコーヒーフィルターでつくった試験紙です。右と左で変化した色の濃さが違いますね。これは，左がアルカリ性の強い炭酸ナトリウム水溶液，右が弱い重曹でつくった水溶液を垂らしてみたものです。

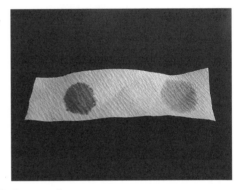

　カレー粉の中には，香りの原料として欠かせない，ターメリックという植物の根をすりつぶしたものが入っています。ターメリックはショウガに近い仲間で，クルクミンという鮮やかな黄色の色素が入っています。クルクミンはアルカリ性になると赤くなる性質があります。この色素は，実用的に実験で使われることもあり，アルカリ性の判定以外にもホウ酸の検出にも使われるそうです（クルクマ試験紙）。この場合は，水で染めるのでなく，エタノールの溶液を乾燥させて染めるそうです。

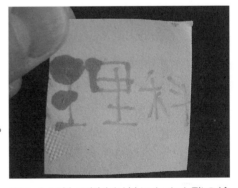

［3年／生命／生物の殖え方］

セイロンベンケイで2つの生殖を学ぼう

所要時間 約20分

■準備物
・セイロンベンケイ

　生殖には無性生殖，有性生殖があると学習します。そうすると，生物は二択でどちらかの生殖を行うと考えてしまう生徒が出てきます。しかし，生物の種によっては，両方行うものもあります。身近な実例として，セイロンベンケイを観察しましょう。

1　無性生殖を観察する

　セイロンベンケイ（右上段）は，ハカラメ（葉から芽）やマザーリーフという名でも呼ばれています。その名の通り，葉の縁に小さな子どもの芽（不定芽といいます）がつくられ，こぼれ落ちて増えていきます。無性生殖の例としてわかりやすいものです。ベンケイソウの仲間は他にも数多くあります。葉を切って水に差しておくだけでも根が生じて増えます（これも不定芽です）。不定芽ができないものも，この方法で無性生殖していきます。なお，不定芽が生じるのは葉の縁だけです。葉を縦横3分割（計

9分割）して水に差したとき，縁を含まない中央の一片からは不定芽が形成されません。自由研究，探究的な学習としても様々な発展的実験が考えられる生物教材です。

2 有性生殖を観察する

　セイロンベンケイは花をつけることがあります。ただ，残念ながら花の時期は1～4月ごろで，3年生でこの単元を指導する時期から花の時期はずれていると思います。咲いたら写真に撮っておく（または提示用の画像を手に入れておく）とよいでしょう。

　花を咲かせるのにはコツがあります。短日処理（光を当てる時間を12時間以下にし，夜は光を当てない）や10℃を下回らない程度の低めの気温，そして，数日に1回水をあげる程度の乾き気味の条件が必要です。

　花が咲くための光の照射時間，気温，水分等の条件を変えた様々な実験が考えられ，継続観察が必要なので，科学部などでの実験にもよいでしょう。

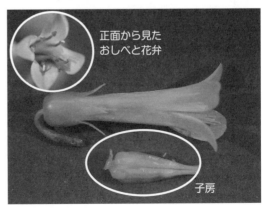

正面から見た
おしべと花弁

子房

［3年／生命／生物の殖え方］

花粉管の観察を簡単，確実に行おう

■準備物
・花の咲いたばかりのホウセンカやインパチェンス，ブライダルベール
・寒天　　　　　・ショ糖　　　・スポンジ
・電子レンジ　　・軍手　　　　・シャーレや小さなプラケース

「花粉管の観察は手間がかかって，しかもなかなかうまくいかない」と思っていませんか。ここで紹介する方法なら，準備も簡単で高い成功率が見込めます。ぜひ生徒にも実物での観察を経験させましょう。

⚠️注意事項

電子レンジで温めた液体は，表面に近いところは冷めていても，中心に近いところはまだ熱いことがあるので注意しましょう。

1　寒天培地を用意する

　300mL 程度の大きさのビーカーに水道水100mL，寒天2g，ショ糖（砂糖でも可）10g を加え，電子レンジで加熱します。最初は濁っていますが，グラグラと沸騰して透明になったら止めます。50℃くらいまで冷めたら，エタノールを0.5mL ほど加えて混ぜ，右の写真のよ

うにビーカーから少しずつスライドガラスの上に垂らして広げ，冷まします。熱いので軍手を使って作業しましょう。エタノールを加えずとも花粉管の伸

長は観察できますが，加えた方が発芽率が
高く，またより長く伸びます。

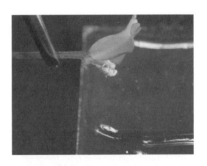

2 花粉を蒔き，発芽を待つ

　冷えて固まった寒天の上に，右1つ目の
写真のようにして花粉を蒔きます。花の数
が少ないときには，小筆の先に花粉を少量
とって蒔いていくとよいでしょう。2つ目
のような状態にしたら，乾燥をしないよう
にシャーレやプラケースなどの入れ物に入
れます。水を張って割り箸の上に載せる方
法がよく紹介されていますが，3つ目のよ
うに小さく切ったスポンジに水を含ませた
ものの方が簡単に扱えます。

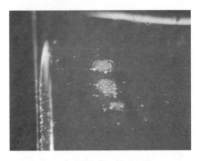

3 顕微鏡で観察する

　2から数分以上経ったら顕微鏡で観察し
ます。4つ目のように花粉管が伸びている
様子が観察できます。カバーガラスをかけ
ず100倍程度までで観察するとよいでしょ
う。

　時期によって花が咲いておらず，観察が
難しい場面もありますが，花粉を冷凍保存
しておけば，発芽率は下がりますが，半年
程度は観察できます。

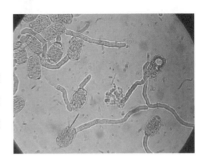

［3年／地球／日周運動と自転など］

webサービスで
自然現象を把握しよう

所要時間
約30分

■準備物
・タブレットやノートパソコン

　地球の分野では，継続が難しい，全国各地のデータが得られない，機材が高価…など，時間，場所，費用の制限でできない観察が多くあります。そこで，webサービスを活用して，スケールの大きな観察を行いましょう。

1　天体モデルシミュレーション（国立天文台・Mitaka）

　Mitaka[*1]は国立天文台で作成，無償公開されている Windows 用ソフトウェアです。地球から宇宙の構造までをシミュレーションすることができます。2023年3月現在，バージョン1.7.4aが公開されています。

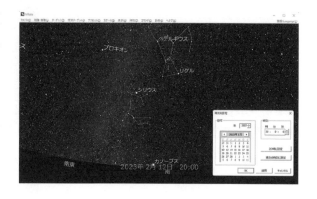

　Mitakaは，上の写真のようにプラネタリウムと同じように指定した地点での星空を日時，方角を指定した星空を投影できます。拡大率も自由に表示出来ます。この機能は，天体の日周運動や年周運動の学習に使うことができます。授業では，日周運動や年周運動を学ぶ場面で有効に活用できます。

地上を離れて離陸し，他の天体から別の天体を見ることもできます。右の写真のようにターゲットを太陽にすれば，太陽系の動きを見ることもできます。このモードは，特に年周運動や季節による星座の見え方を学習するのに有効です。

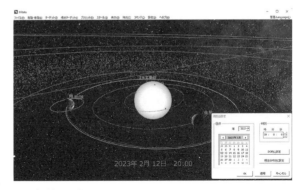

2　3D地図（国土地理院・地理院地図）

地理院地図[2]は，国土地理院のwebサービスで，タブレットやスマホでも閲覧可能です。そのままでも地図として便利ですが，理科の授業でおすすめなのが3D表示です。メニューの中のツールから3Dを選ぶと，表示されている

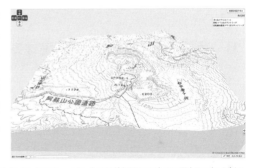

地図上の地点の高低差が3D表示されます。火山の学習で山の形や広がりを知るのに活用できます。名の出てきた山を自由に検索させると，普段理科の授業にあまり積極的でない生徒も熱心に取り組みます。また，阿蘇山のカルデラを3D表示させ，グリグリと動かすと，凹み具合などを実感できます。

こうしたwebサービスは他にも多くあり，気象分野では風の動きを可視化するサービス・Windy[3]などもオススメです。

※1　https://4d2u.nao.ac.jp/html/program/mitaka/
※2　https://maps.gsi.go.jp/
※3　https://www.windy.com/

［3年／地球／年周運動と公転］

理科室を宇宙空間にしよう

■準備物
・電球
・大きめの地球儀
・拡大した星座図

天文分野の学習は，立体的なイメージが大切です。平面上で説明してもなかなかイメージがわかない生徒も，立体的なモデルの中で考えれば理解度が高まります。

1　太陽と地球，星座を準備する

電球を太陽に見立てます。地球は，大きめの地球儀を使います。大きめの地球儀がない場合は，大きく日本地図と東西南北を書いた画用紙をビニールボールに貼り，生徒が地球をイメージできればそれでも構いません。

星座は，季節を代表する黄道十二星座のうち4つと，オリオン座，ペガスス座があるとよいでしょう。春夏秋冬の文字と星座名，図などをA3用紙に大きく印刷し，工作用紙等で補強すると用意が楽です。

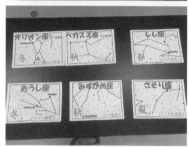

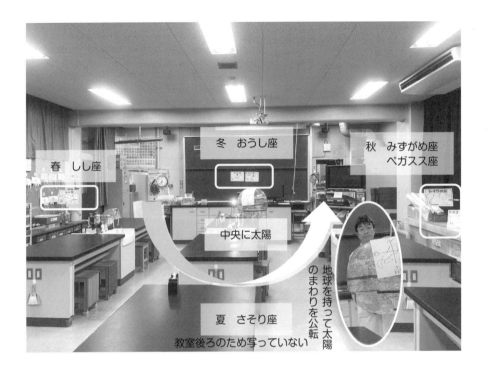

春　しし座

冬　おうし座

秋　みずがめ座
ペガスス座

中央に太陽

地球を持って太陽のまわりを公転

夏　さそり座

教室後ろのため写っていない

2　理科室に配置し，観測を行う

　用意した太陽，星座を理科室内に配置します。理科室の前後左右に４つの季節の星座を置き，中央に太陽を光らせます。地球は教員が持って動きます。その場で回転させれば自転，太陽のまわりを大きく歩いて回れば公転です。上の写真のような配置なら，まずは黒板前の位置（冬）で地球を自転させながら，明け方，正午，夕方，深夜のときにどちらの方角に何座が見えるか確認します。そのとき，「星座ははるか遠方にあるため，理科室四方の星座からの光は平行に来ている」ことを念押ししておきましょう。

　このようなモデルでの説明を行うことで，今まで立体的な思考が難しかった生徒も考えられるようになりました。

分解者を調べてみよう

所要時間
約30分

■準備物
- ・プラコップ
- ・お茶パック
- ・バット
- ・アルミホイル
- ・えさ（鶏肉，レバー，蜂蜜など）
- ・ピンセット

　生物のつながりの学習で出てくる「分解者」。土壌動物だけでなく，えさを使ってトラップ（罠）に集まるものを観察しましょう。えさの種類を変えれば，どのようなものを食べるのかも調べられます。

> ⚠️**注意事項**
> 　観察を終えたら，集まった昆虫などは元に戻しましょう。また，手もよく洗いましょう。

1　えさを入れ，トラップ（罠）をつくる

　えさをプラコップに入れます。刻んだ鶏肉やレバーなどはお茶パックに入れるとよいでしょう。集まった昆虫などがえさまみれになって観察しにくくなるのを防げます。肉類で集まるのは肉食の昆虫などですが，脱脂綿に蜂蜜などを染みこませ，集まる昆虫などの違いを調べるのもよいでしょう。

　えさを入れ終えたプラコップには，アルミホイルで蓋をします。昆虫など

の出入りする3～5㎝程度の穴を開けておきます。

2 トラップをセットする

用意したトラップを地面に埋めます。このとき，プラコップの縁の部分が周囲より数㎝高くなるように埋めるのがコツです。これにより，朝露や小雨などの水がトラップ内に入ってしまうことを防げます。

縁をまわりより高く

3 翌日回収し，観察する

しかけた翌日，トラップを回収します（写真2つ目）。えさはかなり臭うので屋外で処分し，プラコップのみ室内に持ち込みます。

中身をバットに出し，観察を行います。ピンセットを用いましょう。動いてしまって困るときには，70％エタノールに入れて動かなくするのもよいでしょう。下の写真は，郊外に出かけた科学部の活動でトラップをしかけたときのものです。普段の学校の授業で実施したときと集まる昆虫などの違いを調べるのもよいでしょう。

シデムシの幼虫

シデムシの仲間

このトラップでは，教科書などに出てくるツルグレン装置で集められる土壌動物よりも，大型の昆虫類を集めやすいです。えさや場所による違いなども調べやすいので，ぜひ試してみてください。

ペットボトルを使って，
水の汚れを調べよう

所要時間

約30分

■準備物
- 1.5L ペットボトル（蓋も必要）
- 汚れ具合を調べたい水

　環境を調べる方法は，土壌や川の動物調査など生物の個体数などによって同定が難しかったり，そもそもそうした生物が苦手な人も少なくありません。そこで，ペットボトルと水を使って簡単に調べられる方法を紹介します。

> ⚠️ **注意事項**
>
> 　カッターでペットボトルを切るときには十分注意をしましょう。固いため力を入れたら一気に刃先が動きケガをする場面が大変多いです。また試料となる水を採集するときには，まわりの安全に十分注意してください（どちらも教員が準備することをおすすめします）。

1 　ペットボトルの準備をする

左ページの写真のようにペットボトルの底を切ります。横から定規を当て1cmずつ目盛りを記入します。蓋の中側の底の部分には，太さ0.5mm程度の油性ペンで1mm幅の二重線を十字に書き入れます。

2　水を入れ，測定する

　右1つ目の写真のように，逆さにしてビーカーなどに立てたペットボトルに，試料となる水を入れます。そのとき，上から覗いてみて，蓋の内側に書いた2本の十字線が見えるかどうかを確認します。2つ目の写真ではまったく見えていません。そこで，はっきりと見えるところまで，3つ目の写真のように少しずつ水を抜いていきます。そして二重線がはっきり見えたときの水の高さを記録します。

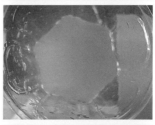

　もともとの水の濁りが多いときには，水道水で5倍や10倍に薄めて調べるとよいでしょう。透明度が高い場合には，ペットボトルを継ぎ足して長くするなど工夫してみましょう。

　この方法で調べる「汚れ」は，水の透視度にあたり，ペットボトルを簡易的な透視度計として用いたことになります。ただ，周囲の明るさや個人の読み取り誤差も含まれるので数値そのものにこだわり過ぎないようにしましょう。この活動で大切にしたいのは，環境を定量的に調べる姿勢を身につけることです。さらに深めるには，正式な透視度の測り方などを調べ，本実験での結果と比べてみるのもよいでしょう。

第4章
学習評価
効率的かつ確かなテスト，評価を行う

定期テストでの選択問題の活用で，効果的に思考力を評価する

　定期テストは満遍なく多くの問題を出すのがよい，と聞くことがあります。中には１問１点で100題出しているといった話も。しかし，そうなると，考えて解く問題は出せないので，一問一答のようになり，暗記の努力は評価できても，思考力の評価は難しいでしょう。そこで私は，単純な知識や努力は普段の小テスト等で評価し，定期テストでは深い知識や思考力を中心に評価することにしています。ただし，選択肢で答える問題を意図して多めに入れています。イメージは入試問題です。はじめは範囲を網羅せず問題数を減らしたり，記号問題を多くしたりして大丈夫か，心配もありました。しかし普段の生徒の実態（実力）との乖離は見られませんでした。考えてみれば，選択肢主体でも入試が成り立っている以上，あとは作問の工夫でしょう。

　思考力を問う問題を多く出すことで，理科が得意な生徒からは「今回の問題，おもしろかった」と聞き，苦手な生徒からも「選択肢だから，はじめからあきらめたりしないでやれた（考える気になれた）」という評価を得ました。また，結果的に採点作業も早く，ミスなく行えるようになりました。

　問題作成はじっくり行う必要がありますが，これにもコツがあります。「テストで何を問いたいか」を考えながら普段の授業を行うのです。時折よい発問を思いついたなら，すかさずメモしておきます。メモを基に問題作成を行うとスムーズです。

🧪ポイント

　問題も25問や20問と数を先に決めてつくりましょう。１問あたり４点なり５点と統一すると得点集計が楽になり，ミスも減らせます。

[テスト]
小テストのルーティン化で，効率よく知識を評価する

　ルーティンができると，都度意識して考える必要がなくなるため，楽に継続できるようになります。知識を評価する小テストも，ルーティン化を意識しましょう。「教科書の小単元終了ごと」のように年間を通して決めておきます。教員も準備の見通しが立ち，生徒も「そろそろ復習しておこう」と目安を立てやすくなります。形式も，「10題10点」のように決めておきます。右は3年最初の小テストの例です。

理科　復習テスト　1回目　＜計算力チェック＞
　以下の問い、全て式と答えがあっていて正解とする
①質量が 40.5g、体積が 15cm³ の物質の密度を求めなさい。

②ある食塩水 150g に食塩が 21g 溶けている。この食塩水の質量パーセント濃度を求めよ。

③0.5m² の面に 31.5N の力がはたらくとき、面にはたらく圧力は何 Pa か。

④電熱線に 10.8V の電圧を加えると、2.7A の電流が流れた。この電熱線の抵抗はいくらか。

⑤電熱線に 8V の電圧を加えたところ、4.5A の電流が流れた。この時の電力はいくらか。

⑥飽和水蒸気量 18g/cm³ の空気が 9g の水蒸気を含んでいるとき、湿度は何%か。

以下⑦～⑩の問題は比の計算で求めなさい
⑦ある食塩水 250g 中に食塩 125g が溶けている。この食塩水 50g 中にとけている食塩の量。

⑧花火から 510m の地点では 1.5 秒後に音が聞こえた。1360m 離れた地点では何秒後か。

⑨銅と酸素が化合した質量比は 4：1。銅粉 16g を十分に加熱したとき化合する酸素の質量。

⑩Mg とその酸化物の質量比は 3：5。酸化 Mg を 8g 得るためには何 g の Mg が必要か。

| 年　　組　　番 氏名　　　　　　　　 | 点/10点 |

🧪 ポイント

　小テストは10～20分程度で実施し，赤ペン以外はしまって，すぐに自己採点させます。でき具合を見てつまずきやすいところを解説します。生徒は弱点がすぐわかり，教員も採点の労力がなくなります。

［レポート］
ＡＢＣ評価を９点満点に換算することで，評価入力を効率化する

　テストなどのように評価を10点満点や100点満点など点数で行うものもあれば，レポートなどのように，Ａ～Ｃの３段階で行うものもあるでしょう。しかし３段階と言いつつ，実態はＡ°やＢ×といった中間の評価なども混ざっていたりして，混在した状態で成績処理をするのは大変です。

　そこで，私はＡ～Ｃで評価し，成績処理時には，それを９点満点に換算して用いています。具体的には，以下のように点数化しています。

> Ａ…９点　　Ｂ…６点　　Ｃ…３点

　９点を満点にしたのは，テンキー入力の際に１回入力ですべての点数が入力できるようにするためです。また，Ａよりやや下のＡ×は８点，Ｂよりやや上のＢ°は７点，Ｂ×５点，Ｃ°４点，Ｃ×２点と，中間的な点数も整合性をもって扱うことができます。また，中身がほとんど評価できないものは，提出点のみのＤ，１点とします。このように換算を決めておくことと，テンキー１つで入力する工夫により，４クラス百数十人の評価入力が数分で可能になりました。ここでは私の例を紹介しましたが，ぜひ実態に合わせてアレンジしてみてください。

ポイント
　途中でルールを変えたりすると余分に時間がかかり，また評価もブレます。最初にルールを決め，生徒にも伝えておくのが大切です。早めに自分の評価に合う方法を見つけていきましょう。

［レポート］
事前のルールづくりで，素早くムラなく評価する

　「レポートを集めたはいいけれど，評価に時間がかかるので後回しにしてしまった」などということはないでしょうか。また，「何人も評価していたらだんだんと評価が甘く（または厳しく）なっていってしまった」ということも起こりがちです。素早く，そしてムラなく評価するためには，常に意識するルールを決めておくとよいでしょう。例えば，以下のようなルールです。

> ①「普通」は B，「よくできた」は A，「あと一歩」が C
> ②遅れて提出は1日で1点減点

　①のポイントは，どこまでできたら「普通」「よくできた」「あと一歩」とするかを，レポート課題を出す（作成する）ときにあらかじめイメージしておくことです。それでも判断に迷うときには，B° や $A^{\times}$ などで微調整します。そこまでしても迷う場合はありますが，年に数回もこうした課題があれば，平準化できます。

　②のように，遅れて提出してきた場合の対応も決めておきます。上のルールでは，締切日に1日遅れるごとに（9点満点で）1点ずつ減点としています（ただし，出席停止での遅延は減点しません）。

> ### 🎬ポイント
> 　課題提示の際，書くべき項目と評価基準を生徒に明示的に伝えましょう。こうした方法については，年度はじめの授業でも伝えておくとよりよいでしょう。

３つの評価を意識して使い分ける

　定期テストだけで評価を行う。観点別評価が導入される前の中学校でよく見られた評価の仕方でした。それは極端にしても，「評価」というと，いわゆる成績処理を思い浮かべる方もいらっしゃるでしょう。しかし，評価は本来（いわゆる通知書などの）成績と同じものではありません。成績は学習評価という教育活動の（ごく）一部だと考えるとよいでしょう。

　評価については様々な分け方がありますが，現在よく見かけるブルームの三類型を簡単にまとめると，以下のようになります。

評価の種類	タイミング	目的
診断的評価	学習前	生徒の能力を診断し，計画に生かす
形成的評価	学習中	学習過程を把握し，フィードバックする
総括的評価	学習後	学習の到達度を把握する

　これらは厳密に分けられるものではなく，複数の要素を兼ねている場合もあるでしょう。また現実に即して考えると，生徒自身の学習等のための（自己）評価と，教員が成績処理に使う評価に分けて考えることもできます。具体的な例は，この後の項で述べていきます。

ポイント

　評価材料を集めるときには目的を意識しましょう。例えば，同じテストでも，習熟度を高めるため（形成的評価中心）の場合と，到達度を確かめるため（総括的評価中心）では役割も内容も異なってきます。

負担の分散で，
成績処理を省力化する

　ただでさえ忙しい学期末。成績処理を少しでも省力化したいところです。ポイントは，負担の分散とルーティン化です。ここではまず，成績処理の流れと負担の分散について述べます。

　手順1　評価材料の入力，各項目「達成率」算出【随時】
　手順2　評価材料の重みづけなどのバランス調整【学期末】
　手順3　生徒個別の調整，評定確定【学期末】
　（手順4　各学校の校務システム等への出力【学期末】）

　手順1で評価材料を集めたら，得点をすぐに入力しておきましょう。それだけで成績処理の負担を半分以上分散できます。成績処理の中でも，ここにかかる時間が一番多いからです。評価も一覧表に手書きなどせず，直接データ入力します。そうすれば，手書きの手間を減らせます。
　各評価材料の満点は，100点でもABC評価9点満点でも，混在していてかまいません。満点に対してどれだけ得点できたかを「達成率」とすれば，どれも同じように扱うことができます。
　手順2以降の具体的な方法は，次項に続きます。

ポイント

　忙しい学期末に仕事が集中しないように，レポートや小テストなどの評価材料の入力は，評価する都度終わらせておきましょう。それだけで，学期末の成績処理の負担が大きく違ってきます。

評価材料の重みづけを行う

　前項で示した手順2では，集まった評価材料を並べ，それぞれの重みを考えます。例えば，知識・技能の観点を，100点満点の定期テストのうち70点分（1回），50点満点の小テストを2回，ABC評価のレポート2回で評価するとします。

	定期テスト	小テスト1	小テスト2	レポート1	レポート2
満点	70	50	50	9	9
重み	70	35	35	35	35

　そのままの得点で計算すると，定期テストの70点分に対して，小テスト2回合計が100点分あります。そこで，定期テスト1回の重みと小テスト2回の重みを同じにするのであれば，上の表のように重みづけします。実際には，各テストの得点に満点分の重み（35/50）を乗ずれば求められます。さらに，9点満点のレポート1回を小テスト1回と同じにするには，これも実際の得点に35/9を乗ずればよいのです。

　こうした結果，今学期の知識・技能の観点の評価を上の表のように行うと，定期テスト1回分（70点），小テスト2回分，レポート2回分の割合を1/3ずつで評価したことになります。こうして出てきた3観点の達成率の評価を総合して，理科全体の総合達成率を求めます。

🧪ポイント

　手順1の評価材料入力が終わっていれば，学期末に行う主な作業は，並んだ評価材料を見比べて重みを検討することと，最終確認だけです。

［評価］
テンプレートの活用などで，成績処理を定型化する

手順3では，個別の生徒の配慮事項を確認し，最終的な各観点の達成率を基に観点別のABC評価，そして総合の達成率から5段階評定を出します。

各観点別評価			評定				
80%以上	50%以上	50%未満	90%以上	80%以上	50%以上	20%以上	20%未満
A	B	C	5	4	3	2	1

個別の生徒の配慮事項とは，不登校や病気による出席停止等の特別な欠席，その他個別の諸事情への配慮です。テスト等で追試験を行っているのであれば，その点数をそのまま使う場合が多いと思いますが，評価材料がなければ，見込み点を入力して処理する，各観点別評価の達成率の数字を直接加点するなど，各学校の取り決めを確認してください。

また，生徒個々人の意識を高めるために，評価材料と各観点の達成率，総合達成率なども個票として生徒に渡すとよいでしょう。結果として成績トラブルを防ぐこともできます。

ここまでの処理を一括してできる評定テンプレート「ひょうぷれ」を作成し，私のホームページ上で公開しています。達成率順の表示や学期間の上下変動等様々な情報が表示され，最低限の手間で評価・評定できるように工夫しています。

🔲ポイント
評価・評定の成績処理。毎回同じ作業をするのであれば，できるだけ省力できる方法を自分なりに考え，定型化しましょう。

［評価］

目指す授業と生徒の実態に合わせて，学習評価全体をデザインする

　理科には，定期テストや小テスト，レポートの他にも，ガスバーナー点火の実技試験（パフォーマンステスト）や学習内容の発表活動など，様々な評価材料があります。また，ポートフォリオなどは，生徒自身の自己評価として完結し，評価・評定には入れない場合もあるでしょう。年間を通じた授業全体を見通し，計画的に行っていきましょう。また，生徒にも評価・評定についてできる限り具体的に説明しておきます。生徒の自己教育力の向上はもちろん，結果として評価に関するトラブルを減らせます。

　1つの評価材料を複数観点で評価することも可能です。例えば，あるレポートの評価を知識・技能と思考・判断・表現の2つの観点に入れてもかまいません。すべての評価材料を同じように扱っては観点別評価の意味がなくなってしまいますが，それぞれ適切に組み合わせていけばよいのです。そうすることで，ある観点ではAなのに別の観点ではCといったアンバランスになることも防げます（こうした方法で問題ないことは，評価に関する研修会の講師をされていた文科省の方に直接質問して確認しました）。

　なお，観点別評価については，それだけで1冊の書籍になってしまうほど様々な内容があります。詳細については『評価事例＆テスト問題例が満載！中学校理科新3観点の学習評価完全ガイドブック』（山口晃弘編著，明治図書）などの書籍をご覧ください。

ポイント

何を目的として何をどう評価するのか。自分の目指す授業と生徒の実態に合わせて，学習評価全体をデザインしていきましょう。

第5章

生徒の疑問
素朴な問いから，知的好奇心を拡げる

[１年／地球／地震の伝わり方と地球内部の働き]

超巨大地震が起きたら，震度７より大きい場合もあるの？

　１年で，地震について学習したときの質問です。

　「もし地球が割れるほどの地震があったら，震度100とかあるの？」

　よく聞かれる質問です。地震を教えたことのある先生なら，ほぼ経験があるのではないでしょうか。結論から言うと，ありません。ただ「ありません」と答えるのでなく，以下のような語りはいかがでしょうか。

> 　震度とは，体感やまわりの状況などから地震の規模を表したものだったね。でも今は，計測震度計によって自動的に観測しています。気象庁のwebサイト※を見てみよう。気象庁の震度階級は「震度０」「震度１」「震度２」「震度３」「震度４」「震度５弱」「震度５強」「震度６弱」「震度６強」「震度７」の10階級となっていると書いてあるね。つまり，一番大きな震度を７としたわけだから，それ以上大きな震度はないということだね。

　震度は，長らく０～７の８段階でしたが，1996年から震度５と６を弱と強に分け，現在は10段階になっています。なぜ分けたかというと，その少し前，1995年の兵庫県南部地震（阪神・淡路大震災）など，大きな地震が相次いだ際，同じ震度５や６の中でも被害の差が大きく，実態をより詳しく伝えるためです。あわせて，体感での震度測定が完全に廃止され，機械による計測の震度測定になりました。

　10段階にする際「震度９」までにするのでなく，５と６を弱と強にして段階分けしたのは，それまでの観測記録との整合性を保つためでしょう。

※ https://www.jma.go.jp/jma/kishou/know/shindo/index.html

なぜコンセントは交流なの？

　交流の学習後に出てきた質問です。「なぜ電池は直流なの？」と聞かれたら，「詳しくは３年で学習するけど，２種類の金属板のうちどちらからどちらへ電子が移動するか決まっているから」と答えるでしょう。しかし「なぜコンセント（発電所から家まで）は交流なの？」と聞かれた場合，その仕組み・原理ではなく，なぜ交流で送電しているのかを尋ねているのでしょう。

> 　発電所から家庭まで送電線を使うときにも，発熱することによって電気エネルギーが熱エネルギーになってしまうね。
> 　例えば１Ｖと10Ｖではどちらの方が同じ電力あたりの無駄を少なく送電できるか考えてみよう。同じ電力を送るのに，10Ｖは1/10の電流で済むね。また，発熱は電力に比例したね。「電力＝Ｖ×Ｉ」からのＶに，オームの法則「Ｖ＝ＲＩ」を代入すれば，「電力＝Ｒ×I^2」になる。つまり電流が1/10で済めば，無駄な発熱は1/100で済むんだよ。
> 　直流は電圧を変えるが難しいけれど，交流は比較的簡単にできるので，交流を使って送電しているんだ。

　交流の電圧を変えるには，トランス（変圧器）を用います。最初は数十万Ｖという高い電圧で送り，電線では6600Ｖまで下げ，電柱についている灰色の柱上トランスで家庭用の200Ｖ・100Ｖまで下げているのです。また，送電の歴史（電流戦争）も下記WEBなどで紹介したいところです。

【生徒に紹介したいwebサイト】
「家庭用のコンセントはなぜ直流ではなく交流なの？（トレンドピックアップ）」
https://santa001.com/ 交流と直流 -210

なぜ水は OH_2 ではなく，H_2O と書くの？

　2年でいよいよ化学式を学びます。「全世界で通じる」と言うと，素直に「すごい！」「覚えたい！」という生徒がいる一方，丸暗記しようと四苦八苦する生徒も少なからずいます。

　そんな中「どうせなら効果的に覚えたい」と，規則性を考える生徒もいます。これは，そうした生徒から出てくる質問です。

　「なぜ水は OH_2 ではなく，H_2O と書くんですか？」

　CO_2 や NH_3 の場合などもあります。

　教科書の説明では「分子をつくる原子を元素記号で書く」「原子の個数を右下に小さく書く」くらいのルールしか書かれていないね。そのルールだけなら H_2O と書いても OH_2 と書いてもよさそうですね。

　「アルファベット順なのかな」と考えた人もいました。確かに，アルファベット順なら，H が先で O が後です。でも，アンモニアの場合は H より N の方がアルファベット順では後だから，それではうまく説明できません。

　化学式のルールは，教科書に出ていることの他にも，実はたくさんあるのです。例えば，基本的に「金属が先」などです。それら一つひとつは，高校の化学で学習する内容と結びつくものが多いのです。

　化学式は理科の学習で基本の式です。ルールを学ぶのは後になりますが，まずは九九のように暗記しておくことも大切なのです。

【生徒に紹介したい web サイト】
「IUPAC 命名法（ウィキペディア）」https://ja.wikipedia.org/wiki/IUPAC 命名法

吐いた息に酸素は
残っていないの？

呼吸と言えば，「酸素を吸って二酸化炭素を出す」と学習します。そのことから考えれば，吐いた息の中にはまったく酸素がなくなっていても不思議ではありません。「でも，それなら人工呼吸は意味がないのではないか」と考えた生徒から出た質問です。

教科書を見ると，参考資料として吸気・呼気中の気体の割合のグラフなどが掲載されているものもあります。副教材の資料集では詳細に掲載されているものも多いでしょう。なかなか授業ではそこまで詳しくは触れられない場合も多いかもしれませんが，こんな語りはいかがでしょうか。

> いい疑問だね。実は教科書の中に，あなたの疑問の答えが出ているよ。隅々までよく見てごらん。
> このグラフによると，吐いた息（呼気）の中にも，（通常は）16%程度の酸素が残っているね。大気中，つまり吸気中の酸素が約21%なので，大部分は使われずに，また出されているのですね。
> 人工呼吸をするとき，助けようとしている人の呼気中の約16%の酸素が，助けられている人の吸気で役に立つんだね。

以前，「海女さんが潜って出てきたときに，吐いた息の中にほとんど酸素が残っていない。酸素を使い切る能力があるので，あれだけ潜水時間を長く取れる」といった話を聞いたことがあります。私が調べてみた限りでは，残念ながら確かな情報源は見当たりませんでしたが，実際そうであってもおかしくない話です。

なぜ血しょうは寿命がないの？

　動物の体のつくりと働きでは，血液の成分である赤血球，白血球，血小板，血しょうの４つについて学習します。資料集には，それぞれの寿命のデータが載っているものもあります。ある資料集では，赤血球は約120日，白血球は約10〜20日，血小板は約４〜５日と書いてあります。しかし血しょうは寿命の欄がありません。これは，そのことを不思議に思った生徒から出た疑問です。

　　資料集の細かいところによく気がついたね。血しょうがその他の３つと違うところはないかな？　教科書でも調べてみよう。
　　赤血球や白血球，血小板は，写真や図があるのに，血しょうだけはないね。形の記述でも，血しょうは「液体」になっているね。
　　つまり赤血球，白血球，血小板は細胞だけど，血しょうは細胞では無く，液体成分です。様々な物質が溶けている液体で，細胞ではないので寿命がないのです。

　このように聞くと，「ただの液体なら，血しょうは人工的につくれるのでは？」と考えた生徒がいました。しかし，血しょう中には栄養分や無機塩類などの他に，免疫に関係するタンパク質なども含まれていて，献血で集めるしかありません。提供者の負担を減らす成分献血でも，そもそも寿命の短い血小板と血しょうが採取対象になっています。

【生徒に紹介したいwebサイト】
「献血の種類（日本赤十字社）」https://www.jrc.or.jp/donation/about/process/kind/

反射神経って，
体のどこにあるの？

動物の感覚と運動の学習後に出た質問です。

「よく，反射神経がいいとか悪いとかって言いますが，その神経は体のどこにあるのですか？」

確かに，「反射神経」は，日常的な会話でも使う機会がある言葉ですね。

> 動物の行動には，無意識のうちに起こる「反射」と，意識して行う行動があることを学び，神経系には脳やせきずいの中枢神経と，感覚神経と運動神経の末しょう神経があることを学びます。
>
> そうすると，「反射神経」というものがありそうですね。しかし，実際にはそういう神経はありません。行動が素早い人を「反射神経がよい」などと言うこともありますが，反射と神経と2つの用語が合わさってそのような言い方ができたのでしょう。

神経と言えば，自律神経や交感神経という用語もあります。こちらは実際に存在しています。中学校理科で出てくる感覚神経と運動神経は，外界からの情報などに反応する体性神経になります。これに対し，中学校理科では扱わない自律神経があります。その名の通り，意識せずに体内のコントロールを行う神経です。自律神経の中には，昼間や活動時に活発に働く交感神経と，夜間やリラックス時に活発に働く副交感神経があります。詳しくは下記のページなどをご覧ください。

【生徒に紹介したい web サイト】

「『体性神経』と『自律神経』の違いとは？（スッキリ）」

https://gimon-sukkiri.jp/taiseisinnkei/

何 hPa 以上で高気圧，
何 hPa 以下で低気圧なの？

　2年の気象単元では，「高気圧」「低気圧」について学習します。生徒から
よくある質問が，この「何 hPa 以上で高気圧，何 hPa 以下で低気圧な
の？」です。「いくつ」という具体的な数字を覚えてしまえば安心，と思っ
ているのかもしれません。では，なぜ教科書にはその数字が出ていないので
しょうか。結論からいうと，いくつ以上（以下）という数字はありません。
極端な話，1000hPa 程度の高気圧もあれば，1030hPa 程度の低気圧もあり
ます。もっとも，このような例は，平均的には年に1〜2回程度のようです。
生徒にとってわかりやすいのは，目に見える例です。私はよく，山や谷に例
えて説明しています。

　　山や谷の様子をイメージしてみよう。
まわりより高ければ山，低ければ谷と
いいますね。周囲がそれよりも低けれ
ば高さ10m でも山になることがあり
ますし，周囲がそれよりも高ければ標
高3000m の場所の谷だってあります
ね。それと同じです。

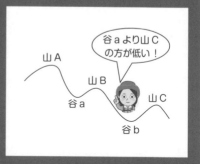

　　天気図上では，等圧線がぐるっとまわって閉じていて，周囲より気圧
が高ければ高気圧，周囲より低ければ低気圧です。

【生徒に紹介したい web サイト】
「低気圧，高気圧とは？　その定義や違いは？（頭痛－る）」
https://zutool.jp/column/glossary/low-pressure_high-pressure

巨大な竜巻は風力13以上になるの？
風力と風速って何が違うの？

　2年で，気象要素や天気図記号の学習を行います。風力は0～12の13段階，そして天気図記号では矢羽根の数で表す，と学習します。その後に出た質問です。

　もし巨大な竜巻があったら，例えば風力20など，風力13以上になることがあるのか。また，風の強さの「風力」と「風速」は何が違うのか，という質問もよく聞かれます。

　結論から言うと，風力13以上になることはありません。ここで学んだ「風力」は，日本の「気象庁風力階級表」で決められています。一番強い風を風力12としているので，それを超える風力はないのです。

　天気予報を聞いていると，「風力」という言葉の他に，台風のときなどに「風速」という言葉も出てきます。どちらも風の強さに関係していますが，風速は10分間での平均の風の速さを（m/s）で表します。そのため，風速の値には，風力のように「いくつまで」といった上限はありません。風力は，風のもつ力を表しています。

　風力と風速，表しているものは違うのですが，対応関係はあります。風力と，それに相当する風速（相当風速）が教科書などにも出ています。

【生徒に紹介したいwebサイト】
「風の強さに関する用語（気象庁）」
https://www.jma.go.jp/jma/kishou/know/yougo_hp/kaze.html

ウサギがカメに負けたのは，何の速さ？

　童話「ウサギとカメ」は，速く走れるウサギが歩みの遅いカメに負けてしまう話です。同時に出発したのに，油断して途中で昼寝したウサギはカメに負けてしまいます。3年で速さについて学習をしたとき，童話に絡めた質問が出ました。

　「ウサギが負けたのは，『平均の速さ』でよいのですか？」

　　小学校の算数などで「速さ」を求める学習を行いました。例えば「A町からB町まで6㎞の道のりを2時間で歩きました。時速はいくらですか」といった問題ですね。わり算をすると，1時間あたり3㎞だから，時速3㎞が答えとなります。

　　しかし実際の速さは本当にそうなるでしょうか。最初はテンポよく歩いていても，途中に休憩をしたり，後半は疲れてペースが遅くなったりするなどして，常に時速3㎞で動き続けることはなかなかないでしょう。計算で求めた時速3㎞というのは，あくまで計算で平均的な速さを求めただけですね。中学校理科ではこれを「平均の速さ」と学びます。実際の，その時々の速さは「瞬間の速さ」といい，区別します。

　　童話の話で言えば，まさに質問の通り，ウサギは瞬間の速さでは圧勝できますが，平均の速さで負けてしまった，ということですね。

　質問をしてきた生徒は，学習内容を理解し，自分にとってわかりやすい例で質問をしてきたのです。このように，学習した内容を身近な例や既習事項と結びつけるのはとても意義深いことです。教師がそのことを意識して授業に組み込んでいくのも大切です。

[3年／エネルギー／力と運動]
力の平行四辺形の法則を発見したのはだれ？

　3年で2つの力の合成について学習します。2力を2辺とする平行四辺形の対角線で表される力に合成され，その作図も行います。また，1つの力はそれを対角線とする平行四辺形の2辺で表される2つの力に分解できます。

　この合力，分力について，「力の平行四辺形の法則」という名称を重要語句（黒太字）で扱っている教科書もありますが，「フックの法則」「オームの法則」など，各種の法則で人名が多く出てきていたために出た質問です。

　　そうした科学の歴史に興味をもつのはとても大切なことです。資料集などの「科学の歴史年表」を見てみよう。

　　1586年，オランダのシモン・ステヴィンによる「力の平行四辺形の法則」と出ているね。もっと詳しく調べてみると，この人はヨーロッパではじめて小数を提唱した人とも言われています。

　　今は，科学の研究も物理，化学，生物，地学のように分野分けされていて，いくつもの分野で業績を上げるというのはとても難しいことです。しかし，この時代には，ステヴィンも含め，ガリレイ，フック，ニュートンのように様々な分野で活躍した人が多くいました。

　　1586年というと，日本では，関ヶ原の戦いや江戸幕府成立の直前です。どのような時代にそうした科学的な発見があったのか。社会科の学習とあわせて，世界全体をイメージしていくこともとても大切です。

【生徒に紹介したいwebサイト】
「シモン・ステヴィン（ウィキペディア）」https://ja.wikipedia.org/wiki/ シモン・ステヴィン

三次電池もあるの？

「化学変化とイオン」で，電池の学習があります。身の回りの電池として，マンガン電池のように使い切りで充電ができない「一次電池」，リチウムイオン電池のように充電可能な「二次電池」が出てきます。そんな中，単元の学習後に，この質問が出ました。

（2022年現在）研究途上ですが「三次電池」もあるようです。二次電池のように外部からの電気エネルギーで充電しなくてもよい電池です。周囲の温度変化（環境熱）からエネルギーを供給する仕組みのようです。

ここではエネルギーにも関連づけて，次のように話をしてみました。

　調べてみたら「三次電池」もあるようです。でも，充電もせずに電気のエネルギーが取り出せるのは「エネルギー保存の法則」から考えるとおかしくありませんか？　Webサイトの情報※を読むと，何のエネルギーが電気エネルギーになったのだと考えられますか？

（生徒が調べ，考える時間を取る）

「温度変化で電気を生み出す」と言っているので，熱エネルギーを電気エネルギーに変換していると考えられますね。

ペルチェ素子は，熱エネルギーを電気エネルギーに直接変えることができます。通常は電気エネルギーにより熱を移動させる（そして片側を冷やす）のに使われ，パソコンのCPUクーラーなどにも使われます。

※ https://www.tdk.com/ja/tech-mag/challenging_for_tomorrow/lab02

[3年／生命／生物の殖え方]

なぜ無性生殖と有性生殖の両方を行うの？

　3年生，生殖についての学習時。「植物が種子で増えれば有性生殖だけど，イモなどのように体の一部が分かれて増えれば無性生殖」と説明します。教科書によっては，無性生殖の例でコダカラベンケイ（ハカラメなどという名でも見かけます。p.106も近い仲間）も扱っています。これは，そこで出た質問です。

　生物に関する質問の「なぜ？」には，難しい（答えられない）ものも少なくありません。本当のところは，その生物に聞かないとわかりません。しかし「こういうメリットがある」と考えることはできます。そのような視点で，この質問には，次のように答えてみるのはいかがでしょうか。

　有性生殖や無性生殖の特徴から考えてみましょう。

　有性生殖では，両親から遺伝子を半分ずつ受け取るため，子の多様性が高まります。そうすると，生き残るのが少し大変になるような環境変化があったときでも，複数の子のうちどれかしらは生き残るといった生存確率は高まります。ただし，無性生殖に比べて生殖は複雑で，繁殖効率は低い，という側面もあります。

　無性生殖では，逆に有性生殖よりも素早く仲間を多く増やすことが可能です。しかし，遺伝子的に同一なクローンのため，不都合な環境になったときに一度に全滅する危険性があります。

　どちらも行うということは，両方の手段を使い分けて現在まで生き残ってきた，ということではないでしょうか。もっとも，本当にそれが正しいかどうかは，もっと研究しないと断定できません。

太陽光は平行なはずなのに，
なぜ広がって見えるの？

　3年では，太陽からの光は平行であることを前提に学習をします。ところが，下の写真のように，太陽からの光が放射状に広がっているように見えるときがあります。この質問は，その状況を見た経験からの質問です。

　よく気がついたね。これは「天使の階段・はしご」などとも呼ばれ，用語としては「薄明光線（はくめいこうせん）」といいます。

　太陽光は平行光になっていますが，遠方からの光のため，遠近法と同じ原理で放射状に見えています。遠くからまっすぐ伸びてくる線路が放射状に見えるのと同じです。

　その証拠に，同じ高さの棒を離れた地点に立てたとき，影の長さはどこも同じになります。こうして測定することで真実がわかることもありますね。

　なお，中学校の段階では，太陽光は平行光と考えますが，実際には完全な平行光ではありません。太陽自体に面積があり，また無限に遠い場所からの光ではなく，地球の位置では太陽の上下の縁からの光で約0.5度の角度がつきます。影の輪郭がくっきりせず，ぼやけるのもそのためと考えられます。

【生徒に紹介したいwebサイト】
「自然の神秘『天使のはしご』の謎に迫る（ログミーBiz）」
https://logmi.jp/business/articles/170910

DHMO は危険なの？

　ある生徒が「身近に大変危険な物質があるらしいです！」と言ってきました。「DHMO という物質で，人工的にも合成でき，無色，無味で農薬や原子力発電や軍事工業にも多く用いられるそうです。食品にも多く混入されていて，がん細胞からも検出され，これが直接の原因で毎年日本でも数千人の方が亡くなっているそうです。米国の州議会では，規制が可決されたと聞きました。本当にこんな危険な物質が身近にあるのですか？　あるとしたら，日本でも規制しなくてよいのですか？」

> 　DHMO は頭文字，ジヒドロゲン・モノオキサイド（dihydrogen monoxide），という物質です。日本語では一酸化二水素。質問にあった危険性は，すべて事実です。
> 　でも，日本では「規制しよう」という動きはありません。
> 　日本語名でピンと来た人もいますね。実はこれは「水」のことです。水素と酸素から合成でき，工場でも使われ，食品にも含まれます。日本でも毎年数千人の方が浴室や河川，海等で水により溺死しています。
> 　「化学物質」と聞くだけで危険な印象をもってしまったり，事実でも言い方次第でまったく違って聞こえてしまいます。正しい科学的知識や情報の受け取り方ができるよう，意識していきましょう。

　「DHMO」は知的ジョークや科学リテラシーの調査等で知られています。ニセ科学にだまされない生徒を育てる教材としても秀逸です。

【生徒に紹介したい web サイト】

「DHMO に反対しよう（西村和夫）」https://kazov.site/Nis/etc/DHMO.html

【著者紹介】
河野　晃（こうの　あきら）
東京学芸大学附属世田谷中学校教諭。東京都公立中学校勤務を
経て現職。
主な著書
『理科がもっと面白くなる科学小話Ｑ＆Ａ100　中学校２分野
編』『アクティブ・ラーニングを位置づけた中学校理科の授業
プラン』（いずれも明治図書，分担執筆）ほか

理科室づくり、観察・実験から学習評価まで
中学校理科　授業づくりアイデア大全

2023年7月初版第1刷刊　Ⓒ著　者　河　　野　　　晃
　　　　　　　　　　　発行者　藤　原　光　政
　　　　　　　　　　　発行所　明治図書出版株式会社
　　　　　　　　　　　　　　　http://www.meijitosho.co.jp
　　　　　　　　　（企画）矢口郁雄（校正）大内奈々子
　　　　　　　　　〒114-0023　東京都北区滝野川7-46-1
　　　　　　　　　振替00160-5-151318　電話03(5907)6701
　　　　　　　　　　　　ご注文窓口　電話03(5907)6668

＊検印省略　　　　　　　　組版所　広研印刷株式会社
本書の無断コピーは，著作権・出版権にふれます。ご注意ください。

Printed in Japan　　　　　　ISBN978-4-18-325626-3
もれなくクーポンがもらえる！読者アンケートはこちらから